Ulrich Lüke • Einladung ins Christ

Ulrich Lüke

EINLADUNG INS CHRISTENTUM

Was das Kirchenjahr
über den Glauben verrät

Kösel

FSC
Mix
Produktgruppe aus vorbildlich
bewirtschafteten Wäldern und
anderen kontrollierten Herkünften

Zert.-Nr. SGS-COC-1940
www.fsc.org
© 1996 Forest Stewardship Council

Verlagsgruppe Random House FSC-DEU-0100
Das für dieses Buch verwendete FSC-zertifizierte Papier
Munken Premium Cream liefert Arctic Paper Munkedals AB, Schweden.

Umschlag: Kaselow Design, München
Umschlagmotiv: Apsismosaik in San Clemente, Rom;
Foto: © akg-images/Pirozzi
Lektorat: Franziska Roosen, München
Druck und Bindung: GGP Media GmbH, Pößneck
Printed in Germany
ISBN 978-3-466-36804-4

Weitere Informationen zu diesem Buch und unserem gesamten
lieferbaren Programm finden Sie unter
www.koesel.de

INHALT

Vorbemerkung

Ist das Christentum einladend? Um das zu beantworten, müsste man wohl erst fragen, wer oder was das Christentum genau ist. Schließlich gibt es, Gott sei's geklagt, Hunderte von christlichen Glaubensgemeinschaften, Christentümern oder gar Christentümeleien.

Sind wenigstens wir Christen einladend? Um das zu beantworten, käme man um eine Einzelfallprüfung kaum herum. So gerne ich beide Fragen bejahen möchte, es beschleichen mich grundlegende Zweifel. Und die sollen in diesem Buch nicht klein- oder weggeredet werden.

Aber darin bin ich mir sicher: Christus ist einladend. Wie er sensibel auf Menschen zugeht, auch auf die abgeschobenen und missachteten, wie er souverän mit Menschen umgeht, auch mit den reichen und einflussreichen, wie er Gott den Menschen menschlich nahebringt und als Gott den Menschen menschlich nahe ist, das ist einladend.

Wo sich ein Mensch auf das Lebenskonzept Jesu Christi einlässt, da wird er zum Christen. Wo sich viele Menschen auf das Lebenskonzept Jesu Christi einlassen, da entsteht Christentum als Einheit auch über Konfessionsgrenzen hinweg. Und beide, Christen wie Christentum, sind dann und in dem Maße einladend, wie in ihnen der Geist Jesu Christi wirklich und wirksam wird. Am besten laden wir daher wohl ins Christsein und zum Christsein ein. Jesus selbst hat seine unschlüssigen, zweifelnden Jünger berufen mit den lapidaren Worten: »*Kommt und seht!*« (Joh 1,39). Damit begann für sie ein praxisorientierter Nachfolgeweg, ein Grundkurs des Glaubens im Mitgehen und Mitleben.

Christsein ist nicht erschütterungsresistent, garantiert nicht die stoische Gelassenheit und irritationsfreie Verblüffungsfestigkeit derer, die glauben, sie hätten die ganze Welt verstanden und im Griff, sondern es kommt von Herzen und geht zu Herzen.

Christsein ist ebenso wenig ein akademisch-intellektueller Grund- oder Leistungskurs, aber man kann den Verstand auch nicht beiseitelegen oder gleich unbenutzt links liegen lassen, man muss ihm schon etwas abverlangen, das Hirn ganz in Dienst nehmen.

Christsein ist auch nicht weltanschauungsneutrales, beanstandungsfreies Gutmenschentum in stromlinienförmiger Unanstößigkeit, sondern hat ein gelegentlich scharfkantiges Profil, hat praktische Konsequenzen und verlangt christliche Wert- und Handarbeit von dem, der es zu leben versucht. Kurzum, die Einladung zum Christsein betrifft Herz, Hirn und Hand.

Die meisten ins Christentum oder Christsein einführenden Bücher orientieren sich am Glaubensbekenntnis, um das Ganze zum Ausdruck zu bringen. Dieses Buch orientiert sich am Kirchenjahr, das im Jahreslauf die ganze Heilsgeschichte Gottes mit seinem Volk zu vergegenwärtigen versucht. Insofern enthält diese Einladung zum Christsein den Vorschlag, sich auf einen Glaubenslehrpfad zu begeben, einen praxisorientierten Grundkurs des Glaubens zu starten.

Die Feste des Kirchenjahres bringen das Wesentliche des Glaubens zu Bewusstsein, und sie tun es nicht nur intellektuell im Wort, sondern auch durch den Reichtum ihrer Symbole und Ausdruckshandlungen, durch die heilsame und einprägsame Wiederholung der Identität und Kontinuität stiftenden Erzählungen, durch ihre Trost- und Segensworte.

Man kann bei der Lektüre also dort einsteigen, wo das Kirchenjahr gerade angekommen ist, und das Buch zur Begleitlektüre durch die Zeit machen. Man kann sich vorbereitend in die bevorstehende Zeit des Kirchenjahres hineinlesen und hineinleben. Man kann die verflossene Zeit des Kirchenjahres nachbereitend verinnerlichen und vertiefen. Nicht nur in theologischer, sondern auch in spiritueller Absicht werden die drei großen Zeiten des Kirchenjahres wie in einem Grundkurs des Glaubens durchlaufen: die Advents- und Weihnachtszeit, die Fasten- und Osterzeit, die Zeit im Jahreskreis. Das Kapitel »Baustellen des Christlichen« greift abschließend unsere ethischen Halbheiten bzw. (Un-)Tugenden und unsere noch nicht bestandenen Kämpfe zwischen dem angeblich Nur-Natürlichen und dem Über-Natürlichen auf.

Vielleicht können viele der fragmentarischen Abschnitte wie die Teile eines Hologramms das Ganze des christlichen Glaubens aufscheinen lassen. Und hoffentlich sind, wenn schon nicht alle, so doch viele oder die meisten Beiträge ermutigende Einladungen zum Christsein.

VOR-WORT IN GOTTES NAMEN

Pi oder der Name Gottes

Es gibt kein Volk auf der ganzen Welt und in der ganzen Geschichte, das nicht eine Gottesvorstellung entwickelt hätte. Aber es hat in der Menschheitsgeschichte viele Namen für Gott gegeben. Jede Zeit und jede Kultur hat Gott einen Namen beigelegt: Manitu sagten einige der nordamerikanischen Indianer, Thor oder Wotan nannten ihn die Germanen, von Allah sprechen die Muslime, Zeus sagten die Griechen.

Einen sehr merkwürdigen, vielleicht den merk-würdigsten Namen für Gott bringt die Bibel im alttestamentlichen Buch Exodus 3,14: »Jahwe«. Dieser Name erinnert an eine der Sternstunden menschlicher Gotteserfahrung. Mose fragt den Gott, der ihm im brennenden Dornbusch begegnet, wie er heiße. Und Gott nennt sich Jahwe, das heißt übersetzt: Ich bin der »Ich-bin-da«. Wann immer nun Menschen ihren Gott mit diesem Namen Jahwe anrufen, hören sie schon zugleich seine Antwort mit: »Ich-bin-da«. Gott ist gegenwärtig; die Gegenwart ist von Gott erfüllt.

Wo ist das »da«? Wann ist das »da«? Der Gottesname »Ich-bin-da« gilt nicht nur räumlich. Es gibt keinen wirklich gottverlassenen Ort auf dieser Welt. Überall ist der »Ich-bin-da« gegenwärtig. Der Gottesname »Ich-bin-da« gilt auch zeitlich. Es gibt keine wirklich gottlose Zeit. Jederzeit ist er, der »Ich-bin-da«, nahe. Der von den Nationalsozialisten ermordete Jesuitenpater Alfred Delp (1907–1945) hat einmal so formuliert: *»Man kann wohl gottlos werden, aber man kann nicht Gott loswerden.«*

Nomen est omen, sagen wir, im Namen liegt eine Vorbedeutung. Und diese Vorbedeutung lässt sich in folgende Worte fassen: Ich, dein Gott, bin da, wo immer du bist, wo immer du mich brauchst. Wenn ich weit weg zu sein scheine, ich bin da. Wenn du dich einsam und von allen verlassen fühlst, ich bin da. Wenn du Gipfel deines Erfolgs und die Freude deines Lebens erfährst, ich bin da. Wenn du bei allen unten durch und am Ende bist, ich bin da. Wo und wann auch immer wir sind, er ist da. Wer oder was auch immer wir sind, er ist da. Zeit und Raum übergreifend ist er ohne Ansehen der Person für uns Menschen da, uns Menschen nah. Ob wir meditierend in uns hineinlauschen oder ob wir forschend die Welt durchspähen, er ist da, verborgen zwar, aber unendlich nah. Er ist das Sein schlechthin.

Manche Menschen stellen die etwas eindimensional geratene Frage: Was habe ich davon, dass Gott da ist, dass er mir nah ist? Bringt mich das der Erfüllung meiner Wünsche näher? Oder ist Gottes Dasein und Nahsein existenziell belanglos?

Die Erfahrung des Daseins und Nahseins Gottes befähigte den lange Jahre von den Nationalsozialisten inhaftierten und schließlich im KZ Flossenbürg ermordeten Dietrich Bonhoeffer (1906–1945) zu dem bemerkenswerten Wort: *»Nicht alle unsere Wünsche, aber alle seine Verheißungen erfüllt Gott.«* Und in dieser festen Überzeugung des Daseins und Nahseins Gottes konnte er auch den Tod bestehen.

Während Philosophen und Theologen des 20. Jahrhunderts definierten, Gott sei der Ganz-Andere, hat der Kardinal, Kirchenreformer und Philosoph Nikolaus von Kues (1401–

1464) schon im 15. Jahrhundert Gott als den Nicht-Anderen bezeichnet. Denn von den anderen können wir uns abgrenzen und absetzen, die anderen können wir uns von der Pelle halten. Der Nicht-Andere, der menschliche Gott, ist uns näher und innerlicher, als wir uns selbst sind. Der »Ich-bin-da« ist auch in mir und in den anderen da. In mir und in den anderen kann ich ihn finden. Gott handelt in mir, an mir und durch mich. Gott handelt im anderen, am anderen und durch andere. Wenn Gott so räumlich und zeitlich gegenwärtig ist, dann kann man sagen, was der zutiefst christlich inspirierte UN-Generalsekretär Dag Hammarskjöld (1905–1961) immer wieder in seinem Tagebuch notierte: *»Numen semper adest.«* Immer und in allem ist auch ein Wink des Himmels zu finden. Man muss ihn nur wahrnehmen und deuten.

Auf eine Merkwürdigkeit machte mich einer meiner Seniorenstudenten, ein ehemaliger Mathematiker und Physiker, aufmerksam. Der so merkwürdige Gottesname steht im Buch Exodus Kapitel 3, Vers 14. Mit der Ziffernfolge 3,14 beginnt auch Pi, die ludolphsche Zahl oder Kreiszahl: 3,141592653… Mathematiker sagen uns, das ist eine transzendente reelle Zahl, die das konstante Verhältnis des Umfangs eines Kreises ($2\pi r$) zu seinem Durchmesser ($2r$) angibt. Inzwischen wurde die Zahl π bis auf 1,241 Billionen Stellen hinter dem Komma berechnet. Und man ist auf keine Periode gestoßen und also mit ihr noch an kein Ende gekommen. Milliarden Menschen haben in drei Jahrtausenden über Jahwe, den Gottesnamen in Ex 3,14, nachgedacht und sind mit ihm noch an kein Ende gekommen.

Wenn die Christen über den »Ich-bin-da« nachdenken und vom dreifaltigen Gott sprechen, dann meinen sie keinen anderen Gott. Dann wissen sie: Dieser ist, als Vater verehrt, der Gott über uns, als Sohn verehrt, der Gott mit uns, als Geist verehrt, der Gott in uns. Und immer ist er der unbedingte, unverfügbare »Ich-bin-da« – die Existenz schlechthin, der Grund unseres Lebens und unserer Hoffnung.

Credo in- und auswendig

Auf der Rückfahrt aus meinem Urlaub, ich war zum Wandern und Bergsteigen in Südtirol, kam mir auf der Autobahn in Bayern ein Wegweiser in den Blick und mit ihm zwei alte Leute in den Sinn, die nicht weit von meiner Route wohnten. Ich beschloss spontan, einen Abstecher zu ihnen zu machen. Der alte Mann ist seit Jahren bettlägerig, manchmal auch geistig desorientiert und umfassend pflegebedürftig; die alte Frau, sie ist stark sehbehindert, pflegt ihn hingebungsvoll, obschon sie eigentlich völlig überfordert ist damit. Sie freuen sich riesig über mein Kommen. Wir erzählen einander, was uns so bewegt. Ich frage sie, was sie denn in den langen Stunden des Ans-Haus- oder Ans-Bett-Gefesseltseins so machen, da sie doch nicht mehr lesen können. Da erzählen die beiden, dass sie manchmal miteinander singen. Und auf meine weitere Frage, was sie denn singen, erfahre ich zu meiner Überraschung, dass sie das Gloria, das Sanctus und Benedictus, das Agnus Dei und das Credo, also lateinische Messgesänge, miteinander singen.

Wohlgemerkt, das ist kein Altphilologenehepaar mit einer Obsession für Latein und Griechisch. Keiner von ihnen hat das Gymnasium besucht oder gar studiert. Auf einem Kötterhof leben sie, haben sie ihre Kinder großgezogen, und er hat als kleiner Angestellter in der Kommunalverwaltung gearbeitet. Mit dem Traktor ist er zu den Bauern getuckert, um amtliche Bescheide u.Ä. herumzubringen und zu besprechen. Im nächsten Semester halte ich meine Vorlesung über das große Glaubensbekenntnis. Ich bin mir nicht sicher, ob das irgendeiner meiner Studierenden auswendig und auf Latein singen könnte, aber diese beiden alten Leute, die nie eine Lateinstunde in ihrem Leben besucht haben, können es. Und dann haben wir miteinander das große Credo gesungen.

Dieses große Glaubensbekenntnis ist in jahrhundertelangem theologischen Ringen und kirchlichen Streiten auf den

Konzilien von Nizäa (325) und Konstantinopel (381) entstanden und zu einem wichtigen Dreh- und Angelpunkt der ganzen Christenheitsgeschichte geworden. Es ist bis heute die Grundlage und Ausgangsbasis für alle ökumenischen Gespräche. Zunächst einmal formuliert dieses Credo nur eine theologische Erkenntnis über Gott, die wir im Nachsprechen intellektuell nachvollziehen. Darüber hinaus aber formuliert das Credo ein existenzielles Bekenntnis zu Gott, dem wir uns im Leben und Sterben betend anvertrauen. Das Credo ist Erkenntnis und Bekenntnis zugleich.

Ein merkwürdiges Bild: ein alter, dementer, schwer pflegebedürftiger Mann und eine schwer sehbehinderte und von vielen Altersgebrechen gezeichnete Frau singen mit ihrem selten daherkommenden Besucher lateinische Messgesänge.

Aber ich merke, während wir singen, dass sich ein Raum der Geborgenheit auftut und ein umfassender Sinnhorizont aufspannt hinter all dem unübersehbaren Elend von Krankheit, Pflegebedürftigkeit, Demenz, Hilflosigkeit, Schmerz und Traurigkeit. Angesichts der unübersehbaren Hinfälligkeit des eigenen Körpers davon zu singen, dass Gott in unfasslicher Solidarität uns körperlich nah selbst Mensch geworden ist: *»et incarnatus est ... et homo factus est – und er ist Fleisch ... und er ist Mensch geworden«*, das ist gelebte Weihnachtsbotschaft. Angesichts des eigenen Leidens zu sagen und zu singen: *»crucifixus etiam pro nobis ... passus et sepultus est – gekreuzigt wurde er für uns, hat gelitten und ist begraben worden«*, das ist das trostvolle Wissen um die Leidens- und Sterbenssolidarität Gottes mit den Menschen. Die Sympathie (wörtlich übersetzt das Mitleiden) Gottes begleitet uns in und trägt uns durch die tiefsten Abgründe menschlicher Existenz, das ist die wohlverstandene Karfreitagsbotschaft. Angesichts des unübersehbar in die Nähe gerückten Todes die Auferstehung Jesu zu besingen: *»Et resurrexit tertia die secundum scripturas – Er ist auferstanden am dritten Tag gemäß den Schriften«*, das ist christliche Osterverkündigung noch vom Sterbebett aus.

Die beiden alten Leute haben angesichts der Tatsache, dass in diesem Leben nur noch das Ableben bevorsteht, der Hoffnung Ausdruck gegeben, dass sich im Ableben das Aufleben vollzieht. Die alte Frau und der alte Mann, der aus eigener Kraft nicht mehr aufstehen kann, erwarten die Auferstehung und das Leben im Namen und in der Kraft Gottes. »*Et expecto resurrectionem mortuorum et vitam venturi saeculi. – Ich erwarte die Auferstehung der Toten und das Leben der kommenden Welt.*«

Augustinus hat gesagt, dass wir das Credo auf dreifache Weise beten: Ich glaube den Gott, den mich Christus lehrt. Ich glaube dem Gott, der mir in Christus als Mensch nahe ist. Ich glaube an den Gott, der in Christus lebend und sterbend sein Heil schenkt. Das und nicht weniger ist es, was die beiden alten Menschen mit Leib und Seele erkennen, was sie mit Leib und Seele bekennen.

Das sagt mir: Es sind nicht nur die bekannten Zeugen aus der Vergangenheit wichtig, deren Knochen in Sarkophagen und Reliquiaren ruhen. Es sind auch die ganz unbekannten Zeugen der Gegenwart wichtig, die alltäglich ihre Knochen hinhalten. Es sind die unbekannten Zeugen wichtig, die heute Kopf und Kragen riskieren, sich das Fell über die Ohren ziehen lassen oder einander ganz selbstverständlich tragen und ertragen.

Von Amts wegen bin ich der theorieprüfende Lehrmeister meiner Studenten. In diesen beiden alten Leuten habe ich zwei praxiserprobte Lehrmeister für mich selbst gefunden.

Vitamin B wie Beten

Zwei Jesuiten sitzen beim Vesperbrot zusammen, als die Zeit des abendlichen Läutens beginnt und sie kommen überein, gemeinsam das Stundengebet zu beten. Da gießt sich der eine noch ein Bier ein. Der andere sagt: »Sag mal, spinnst du? Wir wollen doch beten. Ich habe als Student mal den Exerzitienmeister gefragt, ob man beim Beten rauchen darf. Der hätte mich fast gewürgt.«

Darauf der erste: »Du hast falsch gefragt. Du hättest nicht fragen sollen, ob man beim Beten rauchen darf, sondern ob man beim Rauchen beten darf. Dass man beim Biertrinken beten darf, wird dir kein noch so frommer Exerzitienmeister verwehren wollen.«

Diese Anekdote scheint zu besagen, dass da jemand das Gebet nicht ganz so ernst nimmt, wenn er glaubt, dabei ein Bier trinken zu dürfen. Aber man könnte sie auch so deuten: Es gibt keine Zeit, zu der man nicht beten kann und darf. Es gibt keinen Ort, an dem man nicht beten kann und darf. Es gibt kein Tun, das nicht durch das Gebet zu korrigieren und zu begleiten wäre.

Manchmal habe ich Zweifel, ob die liturgisch durchgestylten, immer gleichen Psalmgesänge mancher Ordenskonvente authentische Gebete sind. Beten heißt schließlich nicht, sich selbst genießen. Beten heißt manchmal eher, sich selbst disziplinieren, und zwar auf Gott hin. Dabei gilt aber: Beten ist nicht Leistungssport, sondern Beziehungspflege um Gottes und des Menschen willen.

Beten heißt manchmal auch, in Gottes Tiefe, Höhe und Weite zur Ruhe kommen und die eigene Tiefe, Höhe und Weite wiederfinden. Aber vielleicht geschieht beides ja auch in den Chorgebeten der Orden.

Was soll man beten? Der große evangelische Theologe Karl Barth (1886–1968) hat die Frage so beantwortet: »*Wie man beten soll, das steht in der Bibel; und was man beten soll, das steht in der Zeitung.*« Alles kann und soll man ins Gebet nehmen, auch sich selbst. Dass man Dinge durchdenken muss, ist uns geläufig. Dass man sie auch mit und vor Gott durchdenken, also durchbeten sollte, ist in Vergessenheit geraten. Durchbeten Sie also Ihren Alltag, Ihre Ängste und Nöte, Ihre Freuden und Hoffnungen.

Warum soll man beten? Der katholische Religionsphilosoph Romano Guardini (1885–1968) hat seine Einsichten zu dieser Frage so formuliert: »*Wir beten nicht, um Gott wissen zu lassen, was wir wollen, denn er kennt unser Herz besser als wir selbst; sondern wer betet, lebt vor ihm, zu ihm hin, von ihm her, gibt Gott, was sein ist, und empfängt, was Er geben will.*« Und: »*Man kann auf Dauer kein guter Christ sein, ohne zu beten – sowenig man leben kann, ohne zu atmen.*« Wenn ein Mensch betet, leistet er nicht Gott einen Dienst ab, sondern nimmt die lebenserhaltende und lebensspendende Dienstleistung Gottes am Menschen entgegen.

Soll man nicht besser handeln, anstatt zu beten?, wird manchmal gefragt. Man hat da einen merkwürdigen Gegensatz konstruiert, den zwischen Beten und Tun, zwischen Aktion und Kontemplation. Dagegen fällt mir meine Großmutter ein, eine Witwe auf einem kleinen Kötterhof von sieben Morgen, bettelarm, alleinerziehend mit vier eigenen Kindern und fünf aus der ersten Ehe ihres Mannes übernommenen Kindern. Sie betete noch beim Melken und bei der gemeinsamen Stallarbeit laut den Rosenkranz vor. Das Falten der Hände ist nicht die Kapitulation des Tatmenschen. Genau umgekehrt ist es: Nicht zu beten heißt, sich der Hilfe Gottes zu berauben. Das Gebet entlastet, denn es legt Gottes Werk in seine Hände und lässt es dort. Und genau das macht die eigenen Hände frei, das Werk zu tun, das mir aufgetragen ist. Und überdies: Das Gebet ist auch eine Tat, und zwar eine, die durch keine andere zu ersetzen ist. »*Ein Christ, der aufhört zu beten, legt sich selbst das Handwerk*«, sagt treffend Paul Deselaers.

Während in Zeiten, die weit ärmer waren als die unsere heute, Kirchen gebaut und eröffnet wurden, werden heute, also in einer Zeit, die so reich ist wie fast keine zuvor, viele Kirchen geschlossen und abgerissen. Ob die Krisen unserer Kirche – von der Krise der viel zu wenigen Priester- und Ordensberufungen bis hin zur Finanzkrise – nicht im Letzten aus einer Krise des Gebets, also aus der nicht mehr wahrgenommenen Gottesbeziehung erwachsen? Beten ist schließlich das Atemholen der Seele, Beten ist das Lebenszeichen der Christen und der Kirche.

Kurz vor seinem Tod drückte mir der frühere Stadtdechant von Recklinghausen, Alfons Hünting, einen Zettel mit einem Text des Schriftstellers Carlo Carretto (1910–1988) über das Beten in die Hand: »*Wir sind das, was wir beten. Der Grad unseres Glaubens ist der Grad unseres Betens. Die Kraft unserer Hoffnung ist die Kraft unseres Betens. Die Glut unserer Liebe ist die Glut unseres Betens – nicht mehr und nicht weniger. Unser Gebet hat einen Anfang gehabt, weil wir einen Anfang hatten. Aber es wird kein Ende haben, es wird uns in Ewigkeit begleiten, es wird der Jubel unseres Glücks sein.*«

So ähnlich sagt es auch Philipp Neri (1515–1595), der Gründer des Ordens der Oratorianer und tieffromme Witzbold unter den Heiligen: »*Wie du betest, so bist du.*«

Wer betet, merkt: Wir haben einen Gott, der mit sich reden lässt, einen Gott, bei dem, mit dem und durch den sich leben lässt. Beten erschafft und erhält eine Lebens- und eine Liebesbeziehung zwischen Gott und Mensch, die nicht ihresgleichen hat, weil Gott nicht seinesgleichen hat.

Das Gebet – vom und zum Herrn

Beten Sie? Manchmal, selten, nie oder doch regelmäßig? Es ist nicht so sehr von Bedeutung, was man oder wie man etwas sagt. Das viele Reden beim Gebet kann ja durchaus nichtssagend sein. Es ist nicht einmal von Bedeutung, ob man überhaupt etwas sagt; denn das Gebet kann völlig wortlos und doch vielsagend sein. Vielleicht muss das Gebet im Letzten sogar wortlos werden, um Gott ganz zu Worte kommen zu lassen und um dabei selbst ganz Ohr zu werden. Wichtig ist, jenseits aller Ausdrucks- und Vollzugsformen des Gebets, die im Gebet vollzogene existenzielle Hingabe des Beters, die

Selbstüberantwortung an Gott als das tiefste und hoffnungsvolle Geheimnis der Welt.

Das Herrengebet, das Vaterunser, ist vielfach als Einübung in die Hoffnung oder als Auslegung der Hoffnung gedeutet worden. Gott, der Allmächtige, der Allwissende, der Allgegenwärtige und der Allgütige wird schon eingangs als »unser Vater« angerufen, und damit wird seine unendliche Erhabenheit in eine geradezu familiäre Nähe und menschliche Intimität überführt. Dieses exemplarische Gebet hat Jesus seinen Jüngern hinterlassen, mit ihm hat er sie in sein Gottesverhältnis eingeführt und mit ihm hat er sie beten gelehrt. Durch dieses Gebet hat er den Gott des Himmels hoffnungsvoll für den Menschen »geerdet«.

Das Vaterunser weist zwei Arten von Bitten auf. Die erste Gruppe umfasst die drei Du-Bitten: Hier geht es um das Verhältnis von Gott und Welt und um das allumfassende Ziel von Welt und Geschichte, um die heilshafte Ausrichtung des Ganzen durch Gott und auf Gott hin.

1. »Geheiligt werde dein Name.« Nur im Anruf Gottes, im Namen Gottes vollzieht sich das Heil an der Welt. Darum soll sein Name heilig gehalten werden, weil Heilung und Heiligung an sein Dasein gebunden sind, weil er das umfassende Heil schenkt. Nicht in Drei-Teufels-Namen, sondern in Gottes Namen finden wir Heilung und Heil.

2. »Dein Reich komme.« Gegen alle Reiche dieser Welt, gegen alle »Tausendjährigen Reiche«, gegen alle Kaiser- und Weltreiche, gegen alle Militär-, Wirtschafts- und Finanzimperien wird um das Reich gebetet, das nur Gott schenkt, indem er seine allumfassende Macht zur Entfaltung bringt. Erst Gottes Reich macht den Menschen wirklich und endgültig reich, nämlich himmelreich.

3. »Dein Wille geschehe, wie im Himmel so auf Erden.« Indem der Wille Gottes geschieht, kann diese Erde dem Himmel ähnlich werden. Wo der Mensch seinen Willen abso-

lutsetzt, wo andere ihm zu Willen sein müssen, macht er diese Erde zur Hölle. Die totalitären Systeme, ganz gleich ob es nationalsozialistische oder faschistische oder marxistisch-leninistische oder stalinistische oder maoistische Systeme waren, sie alle, und leider nicht nur sie, haben eine gewaltige Blutspur durch die Geschichte gezogen. »Des Menschen Wille ist sein Himmelreich«, sagen wir sprichwörtlich. Des Menschen Wille ist nicht sein Himmelreich, sondern eher seine Hölle. Gottes Wille ist des Menschen Himmelreich.

Gottes Name, Gottes Reich, Gottes Wille sind nur die Chiffren für Gott selbst. Sie verdeutlichen uns nur die Dimensionen seiner Präsenz in dieser Welt. Um Gottes allumfassende, um Gottes Raum-Zeit-umfassende Gegenwart beten wir.

Die zweite Gruppe von Bitten, die Wir-Bitten, richten sich auf das Verhältnis der Menschen untereinander, das Verhältnis von Mensch zu Mensch. Hier geht es um die alltäglichen, die sonn- und werktäglichen Hoffnungen.

4. »Unser tägliches Brot gib uns heute.« Diese Bitte umfasst mit dem Brot alles das, was wir zum biologischen Leben notwendig haben. Wenn wir Gott um dieses Brot bitten, machen wir deutlich, dass er der eigentliche Brotgeber, der Geber alles Lebensnotwendigen ist. Aber wir sollten uns auch bewusst sein, dass Gott dem Menschen das Brot durch Menschen gibt. Wer dem Mitmenschen das tägliche Brot vorenthält oder den Brotkorb hochhängt, wer sich im Angesicht der Hungerleider selbst Lachs und Kaviar aufs Brot legt, dem sollte diese Bitte im Halse stecken bleiben, denn sie ist dann blanker Hohn. Vor der Brotbrechung in jeder Eucharistie beten wir das Vaterunser, damit, wer das eucharistische Brot empfängt, das tägliche Brot teilt.

5. »Und vergib uns unsere Schuld, wie auch wir vergeben unsern Schuldigern.« Direkt nach dem täglichen Brot erwähnt Jesus in seinem Gebet die Schuld; denn sie ist so täglich wie das tägliche Brot. Und die tägliche wechselseitige

Vergebung ist so notwendig wie das tägliche Brot. Gottes Vergebungsbereitschaft soll der Maßstab für die Vergebungsbereitschaft des Menschen sein. Wo sich die Vergebungsbereitschaft des Menschen an der Menschlichkeit Gottes orientiert, wird etwas von der Göttlichkeit des Menschen erahnbar.

6. »Und führe uns nicht in Versuchung, sondern erlöse uns von dem Bösen.« Gott ist der, der endgültig vom Bösen befreien kann. Diese Bitte umfasst personalisiert den Bösen und neutral das Böse. Fassungslos starren wir Menschen oft in die tödlichen Abgründe des Bösen. Alles, was nur irgendein krankes, abartig perverses, sadistisches Gehirn sich ausdenken kann, hat die Menschheit getan und tut sie noch immer in ihrer bestialischen Geschichte. Keine denkbare Bosheit hat sie ausgelassen. Nicht mehr in den Zwiespalt, zwischen Böse und Gut zu geraten, nicht mehr auf die Probe gestellt zu sein, sondern mit Entschiedenheit das Gute zu erkennen, zu wollen und zu tun, das ist Erlösung von dem Bösen.

Wo das Gebet zur vorbehaltlosen Hingabe, zur existenziellen Selbstübereignung an Gott wird, da fallen Lieben und Erkennen zusammen. Da werden wir Gott im Erkennen lieben und im Lieben erkennen und darin vollendet sein.

ADVENTS- UND WEIHNACHTSZEIT

Wenn eine Zeit des Kirchenjahres als einladend für den christlichen Glauben empfunden wird, dann ist es wohl an erster Stelle die Advents- und Weihnachtszeit. In keiner anderen Zeit lassen sich Menschen, auch die der Kirche und dem Glauben ansonsten fern oder kritisch gegenüberstehenden, so zahlreich zum Glauben und zum Gottesdienst einladen. Und in keiner Zeit des Kirchenjahres ist die auch in Cent und Euro messbare Solidarität der Menschen mit Not leidenden Mitmenschen größer als in der Advents- und Weihnachtszeit.

Da spielen eigene Kindheitserinnerungen eine Rolle, die lebenslängliche Sehnsucht und die immer wiederkehrende Suche nach Geborgenheit und Verstandenwerden in der Familie, das erwartungsvolle Kindsein und Kindbleiben mit seinem Schenken und Beschenktwerden. Da spielt eine manchmal ins Folkloristische ausgeweitete Liturgie eine Rolle, die die Grenze zwischen dem sakralen Tun in der festtäglichen Kirche und dem profanen Tun in der alltäglichen Lebenswelt fließend werden lässt. So wird beim sogenannten Frauentragen während des Advents in manchen Gegenden eine Marienfigur aus der Kirche von Haus zu Haus weitergegeben. Da wird die Herbergssuche der schwangeren Maria und ihres Mannes Josef erzählt, gespielt und besungen. Da ziehen die Kinder als Heilige Drei Könige verkleidet durch die Straßen, sammeln für Kinder in den Elendsgebieten dieser Erde und schreiben mit Kreide einen Segen an die Türen. Und da schreitet man in unseren Breiten über die lang und länger werdenden Nächte und durch die tiefste und längste Dunkelheit des Jahres an der Wintersonnenwende hinweg und hinein in die lang und länger werdenden Tage eines neuen Jahres.

All das ist ein sehr sinnlicher, anschaulicher, praktischer Grundkurs des Glaubens, konzentriert auf eines seiner Kernstücke, auf die Inkarnation, die Menschwerdung Gottes in Jesus Christus. Die Feier der Geburt des rettenden, menschlichen Gottes und der Beginn eines neuen Jahres sind die Symbole für einen verheißungsvollen inneren und äußeren Neuanfang, eine Einladung zum Christsein.

Advent

Gott im Kommen?

Die Veranstalter der berühmten Salzburger Hochschulwochen haben sich vor einiger Zeit ein merkwürdiges Thema ausgedacht: Gott im Kommen. Ist Gott im Kommen, oder ist nicht eher die Gottvergessenheit, die Gottlosigkeit im Kommen? Sind die Häupter in den Gottesdiensten nicht eher grau oder kahl bzw. grau und kahl? Der dramatische Rückgang bei Trauungen, Taufen, kirchlichen Beerdigungen und Gottesdienstbesuchen ist doch unübersehbar.

Gott im Kommen? Ist Gott nicht vielmehr im Gehen? Sind unsere Gottesdienste so zum Weglaufen, oder laufen die Menschen vor der Konfrontation mit sich selbst davon? In diesem Tränental der kirchlichen Statistik sagen neue religionssoziologische Studien dagegen: Religion kehrt heute mit neuer Vitalität zurück. Religion wird in Europa wieder wichtig. Religiös-kirchliche Themen stehen in den Schlagzeilen der Presse und in den Programmen der Radio- und Fernsehsender. Millionen Menschen, die Anteil nahmen am Tod des Papstes Johannes Paul II., ein Weltjugendtag mit mehr als einer Million Jugendlicher, Hunderttausende beim letzten Papstbesuch selbst im papstkritischen Deutschland. Aber sind das nicht alles mediale Seifenblasen, die kurzzeitig hübsch anzusehen sind, doch bald wieder zerplatzen?

Gibt es noch andere Zeichen eines Aufbruchs, Hinweise auf einen Neuanfang, Gründe für Zuversicht? Bei einem Treffen der Institutsleiter aller theologischen Institute und Fakultäten in Nordrhein-Westfalen erfuhr ich, dass die Zahl der Theologiestudenten seit Jahren steigt, auch bei uns hat sie sich in fünf Jahren verdreifacht. Ist das (k)ein Lichtblick? Gott im Kommen? Gott im Gehen? Weder gesellschaftlich noch individuell betrachtet ist der Trend eindeutig.

Die frühen Christen haben zuerst in einer jüdischen und dann jahrhundertelang in einer römischen Christenverfolgung gelebt. Ihr Trost war der Blick auf den wiederkehrenden Christus. Und so beteten sie mit den letzten Worten der Heiligen Schrift: »Maranatha!« – komm, Herr Jesus! Sie waren im politischen, sozialen, religiösen Chaos ihrer Zeit getragen, gehalten, geleitet von einer adventlichen Hoffnung auf den kommenden Gott.

Die Evangelientexte am Ende des alten und am Beginn des neuen Kirchenjahres dekorieren den Horizont menschlicher Existenz nicht mit rosa Wölkchen und Silberstreifen. Sie sehen die Unwetterwolken am Horizont und das Sturmtief schwerer Verfolgung. Aber sie wissen: Unser Horizont ist nicht alles, und hinterm Horizont geht's weiter, für die Christen und für alle Menschen.

»Wenn all das beginnt ...«, wenn das Alter, die Krankheit zum Tode, wenn die Verzweiflung in Herz und Hirn eindringt, was dann? – Die Heilige Schrift sagt nicht: Dann backt kleine Brötchen, geht in Doppeldeckung, verschwindet in der Versenkung, taucht ab oder taucht unter, benachrichtigt die Hausrats- und die Lebensversicherung etc. Vielmehr steht da: *»Wenn all das beginnt, dann richtet euch auf, und erhebt eure Häupter; denn eure Erlösung ist nahe«* (Lk 21,28).

Der kommende Gott ist der erlösende Gott. Er löst uns aus den Zwängen und Ängsten unserer Statistenrolle im Theater dieser Welt. Der kommende Gott ist der menschliche Gott. Er ermutigt uns zum Kontrastprogramm der Menschlichkeit gegen alle Unmenschlichkeit. Der kommende Gott ist der lebendige Gott. Er gibt Leben auch da, wo wir am toten Punkt sind, wo wir uns überlebt haben oder wo wir uns nicht wirklich zu leben trauen. Der kommende Gott ist der ewige Gott. Er befreit uns aus der Beengung und Befristung der Zeit zur Weite seiner Ewigkeit.

Gott ist im Kommen, und die uns Christen angemessene Haltung ist: »Wir sind in Erwartung.« (Das gilt auch für Männer. Manchen sieht man es sogar schon an.) Wir sind »in guter Hoffnung«.

Wir müssen uns nicht ins kleine private Glück und so notdürftig über die Runden retten. Wir müssen nicht in verwegenem Titanismus die ganze Welt retten. Die Selbst- und Welterlösungshektik ist ein Zerrbild christlicher Zuversicht.

Der Theologe Eberhard Jüngel (*1934) meint: Der sich »in der Pose des revolutionären Titanen« gefallende Mensch und der die »von Menschen gesetzten Grenzen für ewige Begrenzungen ausgebende Reaktionär«, beide seien sie »hoffnungslose Gestalten«. Auch in unserer Kirche gibt es diese hoffnungslosen Gestalten, die reaktionären Museumswächter und Denkmalpfleger ebenso wie die revolutionären (Um-)Baulöwen. Aber worauf kann man berechtigterweise hoffen? Der Philosoph Robert Spaemann (*1927) schreibt: *»Der Gedanke, die irdische Geschichte werde so etwas wie ein Äquivalent des Himmelreiches hervorbringen, war schon immer gegen jede gesunde Vernunft. (...) Der Preis, der schon bezahlt wurde, ist längst zu hoch für alles, was unter Bedingungen der Endlichkeit dafür geboten werden kann. Niemals können die verbesserten Lebensumstände der Nachgeborenen so sein, dass sie die Leiden der Geschichte kompensieren.«* Die selbst ernannten Welterlöser und Weltuntergangspropheten sind selbst hoffnungslose Gestalten. Wer wirklich auf den kommenden Gott setzt, kann, wenn er das Seine getan hat, sich gehen und der Welt ihren Lauf lassen – eben dem kommenden Gott entgegen.

Die Bibel degradiert unsere Hoffnung und Erwartung nicht zu einem konservativen oder progressiven Wunschkatalog, sondern sagt: *»Was kein Auge gesehen und kein Ohr gehört hat, was in keines Menschen Herz gedrungen ist, das hat Gott denen bereitet, die ihn lieben«* (1 Kor 2,9).

Wer auf den kommenden Gott setzt, der kann über die eigenen Pläne hinaus weiter ausschauen nach dem, »was kein

Auge gesehen hat«, weiter hinhorchen auf das, »was kein Ohr gehört hat«, der kann etwas erahnen von dem, was »noch in keines Menschen Herz gedrungen ist«. So können wir, Männer wie Frauen, in Erwartung und guter Hoffnung sein, denn Gott ist im Kommen. Er kommt im Großen wie im Kleinen, im Öffentlichen wie Privaten. Vor allem, er kommt in Menschlichkeit zu uns und durch uns zur Welt.

Lichtgestalten

Die Adventszeit war in früheren Jahrhunderten – wie die Fastenzeit für Ostern – eine vierzig Werktage dauernde Vorbereitungszeit auf Weihnachten mit Besinnung, Gottesdienst und Fasten. Die Sonntage waren keine Fasttage. Somit begann die Adventszeit am 11. November, am Fest des hl. Martin von Tours. An diesem Tag langte man vor dem Fasten noch einmal richtig zu mit deftigen Späßen, einer üppigen Martinsgans und mit reichlich bemessenen Getränken. Der Karnevalsbeginn am 11. November verdankt sich diesem kirchlich initiierten Brauch.

Angesichts schwindender Tageslichtlänge wird es dabei zunehmend dunkler um uns, während wir auf Weihnachten zugehen. Und wenn man seine adventlichen Tage nicht auf Weihnachtsmärkten, zwischen Glühwein und Spekulatius und unter Lichterketten verdämmern lassen möchte, dann bietet es sich an, einmal einen Blick auf die großen Gestalten unseres Glaubens zu werfen, die kalendarisch unseren Weg bis zur Weihnacht säumen.

Da ist am 11. November zunächst Martin (um 316–397), der römische Soldat aus dem heutigen Ungarn, der am Stadttor von Amiens seinen Mantel mit dem vom Erfrierungstod bedrohten Bettler teilt. Er wird später Mönch und Klostergründer und schließlich Bischof von Tours. Seine legendäre Geste der Menschlichkeit ruft uns über alle Jahrhunderte hinweg das Jesus-Wort ins Gedächtnis: »*Was ihr dem geringsten meiner Brüder oder Schwestern getan habt, das habt ihr mir getan*« (Mt 25,40).

Da ist sodann am 15. November Albertus Magnus (um 1200–1280), der aus Schwaben stammende Dominikaner und spätere Professor in Paris, der Mitbegründer der Universität zu Köln und zwischenzeitliche Bischof von Regensburg. Ganz ohne Berührungsängste vor der »heidnischen Philosophie« des Griechen Aristoteles oder der Araber Avicenna und Averroes erwirbt er sich eine umfassende Kenntnis in der Theologie, Philosophie und Naturwissenschaft. »*Der Mensch steht in der Mitte der Schöpfung, zwischen Materie und Geist, zwischen Zeit und Ewigkeit*«, schrieb er. Und: »*Die vornehmste Kraft des Menschen ist die Vernunft. Das höchste Ziel der Vernunft ist die Erkenntnis Gottes.*«

Da ist ferner am 19. November Elisabeth von Thüringen (1207–1231), die ungarische Königstochter und Landgräfin von Thüringen, eine begehrenswerte und faszinierende Frau, die die Burgmauern von Reichtum und Standesunterschieden schleift und in unfasslicher Radikalität als »eine Schwester der Welt« selbst ganz arm den Armen ihrer Zeit dient: »*Ich habe euch immer gesagt, dass wir die Menschen fröhlich machen müssen.*«

Da begegnet uns am 1. Dezember Charles de Foucauld (1858–1916), ursprünglich ein französischer Lebemann und Offizier, dann Geograf und Sprachforscher, schließlich Priester und Einsiedler in der algerischen Sahara, in Tamanrasset. In der Einsamkeit der Wüste, in der er am Ende auch noch ermordet wird, erfährt er die Begegnung mit Gott: »*Mein Vater, ich überlasse mich dir; mach mit mir, was dir gefällt ... Zu allem bin ich bereit, alles nehme ich an. Wenn nur dein Wille sich an mir erfüllt und an allen deinen Geschöpfen, so ersehne ich weiter nichts, mein Gott. In deine Hände lege ich meine Seele.*«

Da ist am 6. Dezember Nikolaus von Myra (1. Hälfte des 4. Jahrhunderts) zu nennen, der legendäre Bischof der Armen, der Kämpfer gegen den Hunger, den man zum Grußaugust und Animationskasper auf Weihnachtsmärkten gemacht hat. Sein Gottesdienst der Menschlichkeit bringt uns bis heute den Menschendienst Gottes nahe.

Da ist am 14. Dezember der große Mystiker aus dem Karmeliterorden, Johannes vom Kreuz (1542–1591), der wie kaum ein anderer von der dunklen Nacht der Seele weiß und sie doch im Vertrauen auf Gott durchschreitet. »*Um zu erlangen, alles zu besitzen, suche in nichts etwas zu besitzen. Um zu erlangen, alles zu wissen, suche in nichts etwas zu wissen. Um zu werden, was du nicht bist, geh dorthin, wo du nichts bist.*« Er wollte sich nicht mit weniger als der unendlichen Fülle Gottes begnügen.

Und ebenfalls am 14. Dezember ist der Gedenktag von Franziska Schervier (1819–1876), der Tochter eines Großindustriellen aus Aachen, die hellsichtig und weitsichtig für die Nöte der Zeit den Orden »Arme Schwestern vom hl. Franziskus« gründet. So setzt sie aus ihrer spirituellen Mitte und ohne alle Berührungsängste in der Armen- und Krankenpflege sowie in der Prostituierten- und Gefangenenfürsorge neue Maßstäbe der Christlichkeit: »*Es tut mir leid, dass ich dich in der Anbetung stören muss. Doch du wirst Glauben genug haben, um in der kranken Schwester den Herrn selbst zu sehen.*« Das Profil dieser überzeugenden Christin passt gut in die vorweihnachtliche Zeit, denn es realisiert ein Programm, das man Menschwerdung durch Christlichkeit und Christwerdung durch Menschlichkeit nennen könnte.

Während unterschiedliche Völker, Kulturen und Religionen einander abstoßen und einer von Hass, Missverständnis und Gleichgültigkeit getriebenen Zentrifugalkraft folgen, sind hier Menschen, die Hass, Missverständnis und Gleichgültigkeit überwinden, die eine ungeheure Zentripetalkraft, eine Sogwirkung der Menschlichkeit entfalten. Sie sind auch in finsteren Zeiten eine verbindende Lichterkette der Menschlichkeit.

Der Weg durch den Advent führt uns tief hinein in die Dunkelheit bis zum kürzesten Tag und zur längsten Nacht des Jahres. Die zunehmende Dunkelheit erhellen wir symbolisch durch die zunehmende Zahl der Kerzen, die wir entzünden.

Der Weg auf den Menschgewordenen und die eigene Menschwerdung zu ist aber vor allem aufgehellt von diesen Lichtgestalten des christlichen Glaubens, die uns der Heiligenkalender wie Heilswegweiser an die Seite stellt. In ihnen reflektiert und bricht sich wie in Kirchenfenstern das Licht, das von Gott kommt. In ihrer je eigenen Brechung und Gebrochenheit sind sie Lichtgestalten, weil sie das Licht gestalten, das Gott ihnen (und uns durch sie) schenkt.

Weihnachten

Gott, wie er leibt und lebt

Erinnern Sie sich noch an die Weihnachtswünsche Ihrer Kindheit, an die erfüllten und an die ewig unerfüllt gebliebenen? Vor Kurzem stieß ich da auf eine anrührende Geschichte:

Schenk mir Hände

Zwei Tage vor Weihnachten schreibt Manfred seinen Wunschbrief. Voriges Jahr hat ihm die Mutter noch geholfen. Heute kann er es allein. Er sitzt auf dem Teppich. Vor ihm steht die kleine Leselampe. Auf der Schreibunterlage liegt der Briefbogen. Manfred hat keine Hausschuhe an, keine Socken. Der Füllhalter steckt zwischen der großen Zehe und der zweiten Zehe am rechten Fuß. Der linke Fuß drückt das Blatt nieder. Manfred schreibt mit dem Fuß. Er hat keine Hände. Seine Arme hören beim Ellbogen auf. So ist er auf die Welt gekommen. Er weiß nicht, warum! Niemand weiß, warum!

Voriges Jahr ist Manfreds Wunschbrief lang gewesen. Er hat alles bekommen: die Eisenbahn, das Auto, den Legokasten, die drei Bücher. Heute schreibt Manfred nur einen Wunsch auf: »Schenk mir Hände!« Es gelingt ihm, das Blatt mit den Füßen in den Umschlag zu schieben. (...) Dann klemmt er den Brief zwischen die Armstümpfe und legt ihn auf das Fensterbrett.

Am nächsten Tag riecht es gut in der Wohnung. Die Mutter bäckt Plätzchen. Manfred spielt mit der Eisenbahn. Die Mutter kommt aus der Küche. Sie sagt: »Manfred, ich gehe schnell einkaufen. Ich komme bald zurück.« Manfred nickt. Er ist nicht allein. Der Vater arbeitet in seinem Zimmer. Nach einer Weile steht Manfred auf. Er geht in die Küche. Dort steht die Schüssel mit dem Backwerk. Ein Plätzchen ist auf den Tisch gerutscht. Es liegt ganz nahe am Tischrand. Manfred spitzt den Mund und schnappt es auf. Es schmeckt sehr gut. Da sieht er die Gummihandschuhe der Mutter. Sie liegen auf dem Abwaschtisch. Hände! Finger! Denkt Manfred. Mit dem linken Arm streift er die Handschuhe auf den Boden. Dann hockt er sich hin. Er steckt jeden Armstumpf in einen Handschuh. Mit den Zähnen zieht er sie hoch. Die Handschuhe sitzen fest.

Manfred rennt ins Wohnzimmer und schreit: »Hände! Ich habe Hände!« Er tanzt im Zimmer umher und schreit immer wieder: »Hände! Ich habe Hände!«

Die Mutter ist zurückgekommen. Der Vater kommt aus seinem Zimmer. Da stehen die Eltern und schauen auf ihr Kind. Der Vater presst die Lippen zusammen und geht in sein Zimmer. Die Mutter schluckt. Auf einmal bleibt Manfred stehen. Er schaut auf die Handschuhe. Er jubelt nicht mehr. Er ist still. Und dann schleudert er die Handschuhe weg, wirft sich auf die Couch und weint. Die Mutter läuft zu ihm und nimmt ihn in die Arme.

»Manfred, wenn du groß bist, bekommst du Hände. Es gibt Menschen, die können Hände machen, künstliche Hände«, sagt sie. Aber Manfred hört nicht zu. Später holt er den Brief und wirft ihn in den Abfalleimer. Am Abend geht er schlafen. Er betet. Aber er sagt nicht mehr: »Schenk mir Hände.« Er weiß, er bekommt keine – auch nicht zu Weihnachten.

Elfriede Becker

Das Weihnachtswunder bleibt aus, das am sehnlichsten Erwartete tritt nicht ein. Wo und wie oft ist das in Ihrem Leben schon passiert? Die schwere Krankheit eines lieben Menschen – verlief tödlich. Der im Krieg Vermisste – kehrte nicht heim. Der geliebte Partner – ließ mich im Stich. Die Firmenpleite – war unabwendbar.

Worauf hoffen wir noch? Was soll besser werden in diesem hoffnungslosen Fall, der da unsere Welt heißt? Wenn wir mit unseren engen menschlichen Möglichkeiten über Gott nachdenken, mag sich das ausnehmen, wie wenn Ameisen über Astrophysik, Quallen über Quantentheorie oder Nacktschnecken über Neurophysiologie nachdenken. Weil wir vom Göttlichen nur das Menschliche verstehen, macht sich Gott menschlich verständlich. Ein fast unglaublicher Gedanke: Gott wird Mensch. Und zugleich der einzige Gedanke, der zum Glauben führt, weil uns Menschen, wenn er sich nicht ins Menschliche hinein vermittelte, Gott nicht zu vermitteln wäre. Wenn Gott nicht ein glaubwürdig menschliches Wesen würde, müssten die Menschen unglaublich gottlose Wesen bleiben.

Als Christen hoffen und glauben wir, dass wir zu Weihnachten genau das bekommen, was uns am nötigsten fehlt: Gottes menschliche Gegenwart. Indem wir zu diesem kleinen Menschen herabschauen, können wir zum großen Schöpfergott hinaufschauen. Der kleine hilfsbedürftige Mensch, an dem wir hier Maß nehmen, ist der allein maßgebliche, allmächtige Gott.

Wir bekommen Hände. Gott ist mit Händen auf die Welt gekommen, und er streckt uns die seinen in geradezu kindlichem Vertrauen entgegen, offene, menschliche Hände, auch denen, die nur noch Fäuste ballen können. Er leistet Handlangerdienste, einschließlich der Fußpflege auf der untersten Sohle im Abendmahlssaal. Er leistet Handarbeit bis zur Nagelprobe am Kreuz mit seinen durchbohrten Händen. Er nimmt uns in seine Hände, wenn unseren Händen alles entgleitet.

Wir bekommen in dem menschgewordenen Gott auch ein Herz. Gegen alle Herzenskälte Warmherzigkeit, gegen alle Herzlosigkeit Herzlichkeit, gegen alle versteinerten Herzen ein mitfühlendes Herz von Fleisch und Blut. An Christus erleben wir Gottes buchstäblich herzzerreißende Menschlichkeit bis zum Lanzenstich am Kreuz. Seit Weihnachten wissen wir: Unser Gott ist fähig zu herzlicher Menschlichkeit und menschlicher Herzlichkeit.

Gott transplantiert nicht diesem oder jenem Menschen je nach Bedarf Herz, Hand und Fuß. Er implantiert der Menschheit einen wirklichen Menschen. Die Amerikaner sagen, wenn sie einen ganz und gar menschlichen Menschen meinen: »He is a real Mensch.« Der Mensch ist so sehr das Herzensanliegen Gottes, dass sich Gott selbst in Christus zur Handreichung des Menschen macht. Seitdem hat unsere Hoffnung Hand und Fuß, seitdem hat sie Herz und Hand, seitdem hat sie Sinn und Verstand.

Weihnachten sagt uns: Christus ist die personifizierte menschliche Gegenwart Gottes. Und dieser Mensch, die Menschlichkeit in Person, ist Gott, wie er leibt und lebt und liebt.

Im Kleinsten der Größte

Das Alte Testament nennt unseren Gott *»Immanuel«*, *»Gott mit uns«*, und spricht vom *»Gott Abrahams, Isaaks und Jakobs«*. Das Neue Testament geht noch darüber hinaus, wenn es sagt: Gott wurde Mensch in Jesus Christus.

Dass Gott den Menschen nach seinem Bild geschaffen habe, sagt die Heilige Schrift. Aber hat hier nicht gerade umgekehrt der Mensch Gott nach seinem Bilde geschaffen? Ist das nicht eine überhebliche Selbstüberschätzung des Menschen, sich Gott so menschlich zu denken? Ist das nicht Anthropomorphismus pur – ein Gott konkreter Menschen, ein für die Menschen konkreter Gott? Aber was ist die Alternative zum Gottesbild vom menschlichen Gott und vom göttlichen Menschen?

Manche meinen, Gott sei Information schlechthin, er sei eine Art überirdisches Rechenzentrum. Christen hingegen sagen: Gott ist keine anonyme, apersonale, gesichtslose Datenbank. Wohl aber ist er einer, der um all unsere Lebensdaten weiß, um die schon zurückliegenden und um die uns noch bevorstehenden, um die schon bestandenen und die noch zu bestehenden Daten. Gott ist kein überirdisches Rechenzentrum, aber einer, mit dem wir rechnen können und müssen, lebenslänglich und sogar über die Todesgrenze hinaus. Gott ist der, mit dem wir rechnen dürfen, der unserer Welt Lebensfreude in all ihrem Sterbeelend einhaucht.

Manche Naturwissenschaftler sehen Gott als eine Chiffre für die Anfangsbedingungen der Welt oder als eine Art umfassende Weltformel. Sie verkünden einen Nomotheismus, eine Art Naturgesetz als Gottesoffenbarung. Christen hingegen sagen: Gott ist kein abstraktes physikalisches Verzeichnis von Naturkonstanten, keine Kurzformel für die Anfangsbedingungen des Kosmos. Aber er ist der, der die Naturkonstanten so verzeichnet und bezeichnet hat, dass in einem bestaunenswürdigen Milliarden Jahre währenden Prozess eine Welt wie die unsere und Wesen wie wir entstehen konnten, gesetzmäßig und frei zugleich.

Manche sagen, Gott ist nur eine Personifizierung unseres moralischen Empfindens, eine imaginäre ethische Suprainstanz. Christen hingegen sagen: Gott ist kein abstrakter Oberaufseher, kein personifizierter moralischer Regelkanon, kein juristisches Gesetzeskompendium. Aber er ist doch der, der für alle Gesetze und ihre moralisch ethischen Grundlagen allein maßgebend ist. Es gibt Verhaltensweisen, die ohne Kläger und Richter im Rahmen der Legalität größtes Unrecht verüben. Christen sagen: Ihre letzte Legitimität erhalten unsere Verhaltensweisen und Gesetze erst durch den, der das Hauptgebot der Gottes- und Nächstenliebe nicht nur erlassen, sondern als Mensch selbst gelebt hat.

Die griechische Philosophie sah Gott als eine übergeordnete, umfassende Idee. Christen hingegen sagen: Er ist keine fleischlose platonische Idee, sondern ein bis dahin beispielloser Mensch, der uns zum Beispiel für Menschlichkeit wurde, einer, der uns eine Idee davon vermittelt, was der Mensch sein kann und soll.

Gott ist in der Krippe hilfsbedürftig und anrüchig in seinen Windeln wie jedes Wickelkind. Er ist als junger Mensch entwicklungs- und erziehungsbedürftig wie jeder Jugendliche. Er ist am Kreuz gezeichnet von Schweiß, Blut und Tränen, eine geschundene Kreatur wie alle Delinquenten auf dieser mörderischen Welt.

Ein Weg, der vom Holz der Futterkrippe über das Holz des Zimmermanns schnurstracks zum Holz des Kreuzes verläuft, erscheint manchen Menschen nur als Holzweg, als ein Knüppeldamm in den Morast des Todes. Und dann werden die Sargdeckel zu den Brettern, die die Welt bedeuten.

Aber kann nicht auch die Fixierung auf das tödliche Ende, kann nicht auch der Sargdeckel zum Brett vorm Kopf werden? Wir Christen glauben, unser menschlicher Gott hat zwischen den Eckpfeilern von Geburt und Tod, hat zwischen Krippe und Kreuz den Lebensweg bedingungsloser Menschlichkeit zurückgelegt. Mehr noch: Er hat über Geburt und Tod die Lebenslinien hinausgezogen, er hat den Lebensbogen der Menschlichkeit wie eine Brücke über die Schlucht des Todes hinweg ausgespannt.

In einem neugeborenen Kind den ewigen Gott verehren, ist das nicht kindisch?

In einem sterbenden Mann den lebenden Gott verehren, ist das nicht tödlich?

Gott ist Mensch geworden. Das macht den Gott, an den wir glauben, gerade nicht kleiner, sondern unendlich größer.

Gott ist zugleich so groß, dass er alles umfasst und von nichts umfasst wird. Und er ist zugleich so klein, dass er in allem, auch im Kleinsten, enthalten ist. So sehen es schon der mittelalterliche Mystiker Meister Eckhart (1260–1327) und der Pförtner der Neuzeit, Nikolaus von Kues (1401–1464). In Gott fallen das unendlich Große und das unendlich Kleine zusammen. Weil Gott ein Menschenkind wird, kann der Mensch ein Gotteskind werden.

Als Krippenkind ist Gott kinderleicht zu finden, wenn man sich selbst nur demütig hinabbeugt. Als Schmerzensmann am Kreuz ist Gott todsicher zu finden, wenn man die

Seele nur aufrichtig zu ihm erhebt. Erst aus der Perspektive von Ostern ist Weihnachten keine bloße Kinderei und Sentimentalität mehr. Erst aus der Perspektive von Ostern ist die Endgültigkeit des Karfreitags nicht mehr todsicher.

Was das Krippenkind und der Schmerzensmann bedeuten, leuchtet erst im Osterlicht ein und auf: Gott wird Mensch und geht als Mensch all unsere Wege vom Neugeborenen bis zum Todgeweihten mit. Wer Gott als Menschenkind – also den unendlichen Gott in der menschlichen Endlichkeit – wahrnimmt, der kann auch den Menschen als Gotteskind – also den endlichen Menschen in Gottes Unendlichkeit – erahnen. Das Licht der Weihnacht durchleuchtet unser menschliches Leben mit göttlicher Menschlichkeit. Das Licht der Osternacht durchleuchtet unser menschliches Sterben mit göttlichem Leben. So endet unsere Menschlichkeit nicht in der Sterblichkeit. Das ist der tiefste und tragende Grund unserer Weihnachtsfreude.

Mensch, kinderleicht

Die Bedeutung des Weihnachtsgeschehens erschließt sich auch durch einen genauen Blick auf die Akteure in der Weihnachtsgeschichte: Der prachtvolle Kaiser im Rampenlicht der Weltstadt Rom und sein Statthalter Quirinius in Syrien, das sind die Hauptakteure ganz oben auf der Bühne dieser Welt. Wenn sie nur hüsteln oder Blähungen haben, nimmt die Weltgeschichte schon einen anderen Verlauf. Die unansehnlichen Hirten mit dem Stallgeruch, dem Dreck und Grind ihrer Herden auf dem freien Feld in der Dunkelheit der Nacht, das sind – fast unsichtbar – die Statisten ganz unten auf der oder gar hinter der Bühne dieser Welt. Aber Gott setzt nicht auf die Großkopferten; er bestätigt nicht die Macht von oben; er rollt die Weltgeschichte von unten auf. Zur Heilsgeschichte wird die Weltgeschichte erst da, wo, und erst dann, wenn das Heil ganz unten ankommt, bei den Zu-kurz-Gekommenen dieser Welt.

Kaiser Augustus verfügt aus fiskalischen Gründen zur Volkszählung einen Volksauftrieb. Die Großen verfügen und die Kleinen müssen sich fügen. Maria und Josef sind kleine Leute, die sich – wie zahllose Menschen in unserer Zeit – von den Launen der jeweiligen Tagespolitik hin und her kommandieren lassen müssen. So sind die Menschen unterwegs, wie Migranten und Flüchtlinge heute. Und dementsprechend kommt Gott unterwegs in einem Viehunterstand zur Welt. Er kommt bei denen zur Welt, die keine Bleibe haben. Und bei denen ohne Bleibe will er bleiben. Gott will gerade bei denen ohne geregeltes Auskommen und Einkommen als Mensch ankommen.

Maria ist so unbekannt wie das weltgeschichtlich belanglose Dorf Nazaret, aus dem sie kommt. Aber mit ihrem Leib und Leben bringt sie den zur Welt, dem wir Leib und Leben verdanken, der unser Heiland und unser Heil ist. Warum gerade sie erwählt ist, sagt uns die Hl. Schrift nicht. Die Gnade ist ein unverdientes, ja ein unverdienbares Geschenk Gottes, und das wird Maria zuteil.

Die Geburt selbst wird völlig unspektakulär erzählt: *»und sie gebar ihren Sohn, den Erstgeborenen. Sie wickelte ihn in Windeln und legte ihn in eine Krippe, weil in der Herberge kein Platz für sie war«* (Lk 2,7). Im Menschen, durch Menschen kommt Gott als der ersehnte »Immanuel«, als der »Gott mit uns« zur Welt. Gott ist als Mensch der »Gott mit uns«. Anders denn als Mensch bliebe er uns fern, bliebe er ein Spekulationsobjekt der Philosophen, bliebe er ein Produkt obskurer Empfindeleien von Esoterikern, bliebe er ein Ergebnis ohne Befund für die Empiriker und Wissenschaftler.

»Die Ersten werden die Letzten sein und die Letzten die Ersten« (Mt 20,16). Das sagt später der erwachsene Jesus. Und so ist es schon bei seiner Geburt. Die gesellschaftlich Letzten, die von den Launen der Politik hin und her kommandierten Josef

und Maria und die Hirten, die bei ihren Herden einen nächtlichen Dienst schieben müssen, sie treffen sich wie vom Schicksal zusammengewürfelt unter viehischen Verhältnissen in einem Stall. Sie stehen nicht auf der Sonnenseite des Lebens, nicht im Rampenlicht der allseitigen Aufmerksamkeit, doch sie sind die Ersten im Licht Gottes: *»Der Glanz des Herrn umstrahlte sie«* (Lk 2,9).

Der Engel verkündet den Hirten die Geburt Jesu ganz im Stil einer Königsproklamation: *»Fürchtet euch nicht, denn ich verkünde euch eine große Freude, die dem ganzen Volk zuteilwerden soll: Heute ist euch in der Stadt Davids der Retter geboren; der Messias, der Herr«* (Lk 2,10f.).

Aber ist das nicht eine Lachnummer, die Königsproklamation zwischen Schafsköppen und Viehhirten? Mir scheint, jedes Wort der Engel ist hier wichtig:

»Euch ist der Retter geboren«, d.h. jedem Einzelnen von uns und der ganzen Menschheitsgemeinschaft begegnet der rettende Gott.

»Heute« geschieht das. Das heißt, dieses Ereignis hat bleibende Aktualität, es verfällt in seiner Bedeutung nicht wie das Edikt des Kaisers Augustus, wie die Zeitung von gestern oder der Schnee vom Vorjahr.

»Es ist der Messias, der Herr« – dieses Kind ist der Gesalbte Gottes und der Kyrios, der Herr der ganzen Schöpfung. Wie die Hirten kann auch uns tiefes Erschrecken und tiefe Freude darüber erfassen, dass der unendlich erhabene Gott uns so nah, so hautnah ist, dass er uns in Ruf- und Reichweite gekommen ist. Der Allmächtige macht sich von der Krippe bis zum Kreuz so machtlos, dass wir uns seiner bemächtigen können, er macht sich greifbar und angreifbar für uns Menschen.

Das Zeichen, das der Bote Gottes den Hirten mitgibt, ist eigentlich keines: *»Ihr werdet ein Kind finden, das, in Windeln gewickelt, in einer Krippe liegt.«* Aber genau das ist das Zeichen: Gott nicht als Königskind, nicht als Wunderkind, sondern als sterbliches Erdenkind, als hilfloses Wickelkind, als armseliges Krippenkind.

Man kann ob der äußeren Gewöhnlichkeit dieser Geburt das Außergewöhnliche übersehen, überhören und überspielen: das Kommen Gottes in diesem Menschen, das Kommen Gottes in Menschlichkeit. Wir müssen nur innerlich betrachten, statt äußerlich zu glotzen, innerlich lauschen, statt uns äußerlich die Ohren vollzudröhnen. Wir müssen nur Herz und Verstand sensibilisieren, dann erhalten wir eine Ahnung davon, wie die Menschwerdung und Menschlichkeit Gottes die Weltgeschichte zur Heilsgeschichte transformiert. Dann können wir in der Menschlichkeit den Menschendienst Gottes und den Gottesdienst des Menschen wahrnehmen und wahr machen.

Wenn wir in all unseren Räumen keine Bleibe mehr haben, bleiben wir bei Gott. Und der im Stall Geborene bleibt bei uns, gibt uns Bleibe und Heimat bei sich. Und wenn uns in unserer Zeit keine Frist mehr bleibt, bleiben wir bei Gott. Und der zur Zeitenwende Geborene führt uns in die fristlos entfristete Ewigkeit im Haus Gottes. Wenn wir zu den Letzten gehören, viehisch behandelt, abgeschoben ins Abseits oder ins Dunkel gestoßen, dann seien wir gewiss: Unter den Letzten finden wir den Ersten und in ihm unser Ein und Alles.

Neujahr – Wendezeit und Zeitenwende

Beim Schopfe fassen

Am Beginn des neuen Jahres fragt man sich: Wie und was ist eigentlich die Zeit? Die Zeit schleicht langsam für Kinder, hingegen rast sie für all die, die die Lebensmitte überschritten haben. Die alten Griechen hatten für den deutschen Begriff Zeit zwei einander ergänzende Begriffe: Chronos und Kairos.

Chronos bezeichnet die geläufige quantitative Dimension der Zeit. Man schaut etwa auf den Zeitbedarf, um einen Motor auszutauschen oder tausend Meter zu laufen. Diese Zeitvorstellung ist in Wissenschaft, Technik, Wirtschaft, Sport etc. dominierend. Neben dem Chronos-Zeitbegriff kannten die Griechen aber auch den Kairos. Eine antike Skulptur, die sich am Heiligtum des Zeus und der Hera in Olympia befand, versucht darzustellen, was der Kairos ist. Sie zeigt einen nackten jungen Mann, der auf Zehenspitzen und mit Flügeln an den Füßen schnell dahineilt. Er trägt ein spitzes Messer in der Hand. Eine Haarlocke fällt ihm in die Stirn, aber sein Hinterkopf ist kahl. Ein antikes griechisches Epigramm erläutert in fiktivem Dialog zwischen Betrachter und Bild diese merkwürdige Gestalt:

Wer bist du? – Ich bin Kairos, der alles bezwingt! – Warum läufst du auf den Zehenspitzen? – Ich, der Kairos, laufe unablässig. – Warum hast du Flügel am Fuß? – Ich fliege wie der Wind. – Warum trägst du in der Hand ein spitzes Messer? – Um die Menschen daran zu erinnern, dass ich spitzer bin als die Spitze. – Warum fällt dir eine Haarlocke in die Stirn? – Damit mich ergreifen kann, wer mir begegnet. – Warum bist du am Hinterkopf kahl? – Wenn ich mit fliegendem Fuß erst einmal vorbeigeglitten bin, wird mich keiner von hinten erwischen, sosehr er sich auch müht. – Und wozu schuf dich der Künstler? – Euch Wanderern zur Belehrung.

Poseidipp, 4. Jh. v. Chr.

Was soll diese merkwürdige Belehrung? Sie weist auf die unwiederbringliche Ereignis-, Entscheidungs- und Handlungsqualität des Kairos hin. Dabei geht es um eine Situation, in die nach griechischem Denken das Schicksal den Menschen hineinnötigt und in der es ihm eine oft lebenswichtige Entscheidung abnötigt. Mit dem Begriff Kairos wird also nach der qualitativen Dimension eines Zeitpunktes gefragt, nach dem, wozu er gut ist. Die Qualität der Zeit lässt sich nicht wie die Quantität mit der Uhr messen, sondern zeigt sich in existenziell bewegenden Erfahrungen.

Wenn ein Mensch 80 Jahre alt wird, dann stehen ihm bei 24 Stunden täglich und 365 Tagen jährlich genau 700.800 Stunden zur Verfügung. Aber diese Stunden sind einander nicht alle ebenbürtig und gleichwertig. Sie werden durch unsere Erinnerung mit ganz unterschiedlichen Prädikaten versehen.

Es gibt besondere Augenblicke im Leben eines jeden Menschen, in denen er etwas einsieht, tut oder erfährt, was das ganze weitere Leben positiv oder negativ bestimmt. Dann gilt es, an Ort und Stelle zu handeln. Auch kann sich in einer Stunde eine Umkehr oder Berufung ereignen, die dann den ganzen weiteren Lebensweg prägt. Man denke etwa an das Damaskuserlebnis, das Saulus, den Kämpfer gegen die junge Kirche, zu Paulus, dem Weltmissionar für die junge Kirche, werden ließ. In diesem einen kurzen Lebensmoment kann man den Partner fürs Leben treffen. Wenn man den Moment (oder gar den Partner selbst) nicht beim Schopfe ergreift, nimmt das ganze Leben eine andere Wendung. Es kann in einem Moment zur entscheidenden wissenschaftlichen Einsicht kommen, die die gesamte Forschung vorantreibt.

Diese besonderen Augenblicke der Lebensgeschichte sind vielleicht nicht länger als das Warten auf den Autobus oder der Besuch beim Friseur und könnten rein quantitativ, also von ihrer Länge her betrachtet, ebenso belanglos erscheinen wie jene. Und doch ist diese eine, hier und jetzt platzierte Stunde unter den 700.800 Stunden der Kairos eines Menschenlebens. In ihm verdichtet sich das Leben und erhält seine unverwechselbare Einmaligkeit und Endgültigkeit. Man denke an den Franziskanerpater Maximilian Kolbe (1894–1941) und den Moment im Konzentrationslager, in dem er sich entschied, für den Familienvater in den Hungerbunker und damit den sicheren Tod zu gehen. Dieser Moment schenkte dem einen Leben und ließ den anderen zum Heiligen werden.

Der jeweilige Kairos kann genutzt oder nutzlos vertan werden; in ihm geschieht eine definitive Weichenstellung für die Bahn unseres Lebens. Auch die Begegnung mit Gott ist ein solcher qualitativ gefüllter Moment des Lebens.

Die Griechen sahen beim Kairos das Schicksal am Werke. Christen sehen in und zwischen den Wechselfällen der Geschichte auch Gott am Werke. Er räumt uns Chancen und Gelegenheiten zum Guten ein, damit wir aus dem Rohstoff Zeit christliche Wertarbeit machen.

Was ist uns zu wünschen? Dass wir mit Gottes Geistesgegenwart den bedeutungsvollen Moment erkennen, ihn tatkräftig beim Schopfe ergreifen und nicht entscheidungsschwach danebenstehen mit einem »Eigentlich sollte ich ja …« und dem anschließenden, bedauernden »Ach hätte ich doch nur …«. Wir sollten unsere Lebenszeit mit wacher Aufmerksamkeit erleben und beleben. Denn immer wieder verbirgt sich in der unbedeutend erscheinenden Aufgabe des Chronos die bedeutende Gabe des Kairos.

Wir können den Kairos hellhörig, weitsichtig und großherzig als Gottes Gestaltungsangebot für unser Leben ergreifen und begreifen, ein Gestaltungsangebot, in dem jeder Mensch sich und seine Welt zum Besseren wandelt und zugleich von Gott zum Heil und zum Heiligen gewandelt wird.

Um Gottes willen

Der alemannische Dichter Johann Peter Hebel hat ein schönes Neujahrslied hinterlassen, das ich hier ein wenig durchdenken möchte. Hebel wurde 1760 in Basel geboren. Als er ein Jahr alt ist, stirbt sein Vater, ein armer Weber, an Typhus. Kurz darauf folgt, noch im Kleinkindalter, eine Schwester, die ebenfalls an Typhus erkrankt war. Mit dreizehn Jahren verliert er auch seine Mutter. Freunde der Familie ermöglichen dem Vollwaisen Schule und Studium. Er studiert Theologie, wird Vikar, dann Lehrer für Religion, Botanik und Naturgeschichte und schließlich Direktor an einem Karlsruher Gymnasium. Im Jahr 1826 stirbt er als Prälat der Evangelischen Landeskirche Baden auf einer Dienstreise in Schwetzingen. Sein »Neujahrslied« mag zur ermutigenden Einleitung in ein neues Jahr werden.

Mit der Freude zieht der Schmerz
Traulich durch die Zeiten,
Schwere Stürme, milde Weste,
Bange Sorgen, frohe Feste
Wandeln sich zur Seiten.

Vermutlich hat niemand von uns das letzte Jahr völlig schmerzfrei und gänzlich freudevoll durchlebt. Vermutlich hat auch niemand von uns das letzte Jahr nur schmerzvoll und völlig freudlos durchlitten. Wer glaubt, im vergangenen Jahr sei alles nur Glanz und Gloria gewesen, oder das vergangene Jahr sei pure Finsternis ohne Sonne oder wenigstens den berühmten Silberstreif am Horizont gewesen, der hat wohl auch eine Wahrnehmungsstörung. Es war in Sachen Freude und Leid vielmehr ein Gemischtwarenladen: »Bange Sorgen, frohe Feste / Wandeln sich zur Seiten.«

Als Christen aber glauben wir, dass die bangen Sorgen und die frohen Feste nicht einfach nur nebeneinander herlaufen und sich die Waage halten. Wir glauben, dass auch noch die letzte bange Sorge, die des Todes nämlich, in ein Fest des Lebens mündet.

Und wo eine Träne fällt,
Blüht auch eine Rose.
Schön gemischt, noch eh' wir's bitten,
Ist für Thronen und für Hütten
Schmerz und Lust im Lose.

War's nicht so im alten Jahr?
Wird's im neuen enden?
Sonnen wallen auf und nieder,
Wolken gehn und kommen wieder,
Und kein Wunsch wird's wenden.

Ich glaube nicht, dass alle Tränen aufgewogen werden durch Rosen. Manche Menschen haben lebenslänglich viel Unmenschliches und Schreckliches durchzustehen. Andere sind lebenslänglich auf Rosen gebettet. Aber auch die Rosen, auf die jemand gebettet ist, haben ihre versteckten Dornen. Nach menschlichen Maßstäben geht es in dieser Welt mit der Verteilung von Freude und Leid nicht gerecht zu. Gerecht ist allenfalls, dass die auf den Thronen genauso wie die in den Hütten nicht an Leid und Tod vorbeikommen. Es scheint so, als wenn sinn- und ziellos der Gang dieser Welt wie durch das Los bestimmt wird und unseren Sehnsüchten, Wünschen und Hoffnungen blind, taub und fühllos gegenübersteht.

Die Flüchtigkeit unserer Zeit spiegelt sich in beidem, im geordneten Auf- und Niedergang der Sonnen und im chaotischen Entstehen und Vergehen der Wolken. Wir leben nicht mehr in der Zeit, als das Wünschen noch geholfen hat, es sei denn, einer hörte und erhörte unsere tiefsten Wünsche.

Gebe denn, der über uns
Wägt mit rechter Waage,
Jedem Sinn für seine Freuden,
Jedem Mut für seine Leiden
In die neuen Tage.

Wir glauben daran, dass da einer ist, der, wie ungerecht diese Welt auch immer erscheinen mag, unbestechlich gerecht und zugleich unfasslich barmherzig mit seiner Schöpfung und seiner Menschheit umgeht. Da ist einer, der unser zu leichtgewichtiges Gutes auf die Goldwaage legt, um kein Gramm davon zu verlieren, und der unser schwergewichtiges Schlechtes auf die leichte Schulter nimmt. Gottes Barmherzigkeit ist seine Gerechtigkeit und seine Gerechtigkeit ist seine Barmherzigkeit.

Braucht man einen eigenen »Sinn für seine Freuden«? Ich glaube ja, denn man muss das Gute und Freude Stiftende, das einem begegnet, auch wahrhaben, wahrnehmen und wahr machen wollen. Braucht man eigens »Mut für seine Leiden«? Ich glaube auch hier ja. Natürlich kann man versuchen, sich kurzzeitig über das Leid hinwegzulügen und hinwegzuvergnügen. Aber es kommt unerbittlich und todsicher wieder. Man muss sich dem eigenen und fremden Leid stellen. Das erfordert Mut, der aus der Ermutigung wächst, die der Glaube uns schenkt.

Jedem auf des Lebens Pfad
Einen Freund zur Seite,
Ein zufriedenes Gemüte
Und zu stiller Herzensgüte
Hoffnung ins Geleite!

Wir glauben, dass auch der einsamste und verachtetste Mensch noch immer wenigstens einen »Freund zur Seite« hat; »denn der über uns / wägt mit rechter Waage« hat sich in Jesus Christus selbst als Freund an unsere Seite begeben, auf unsere Seite gestellt. Er hat gegen unseren Tod mit seinem Leben gutgesagt. Wer sich an den hält, der als Freund an unserer Seite ist, der braucht keine Furcht davor zu haben, dass unter dem Holz des Sargdeckels alle Hoffnung begraben wird. Er ist seit Ostern nicht auf dem Holzweg, sondern auf dem Lebensweg um Gottes willen.

Nicht das Klagen, das Sich-Beklagen oder das Anklagen seitens dessen, der sich immer für benachteiligt und zu kurz gekommen hält, bestimmt die Melodie dieses Neujahrsliedes. Aus dem »zufriedenen Gemüte«, d.h. dem Gemüte, das mit Gott und der Welt seinen Frieden gemacht hat, erwächst die »stille Herzensgüte«, die den anderen, so wie er ist, lassen, die ihm Gutes überlassen und die sich selbst auf Gott verlassen kann, noch in der Verlassenheit des Todes.

Dies Neujahrslied atmet eine Gelassenheit, die in allem zweifelhaften Anfangen auf ein unzweifelhaftes Vollenden, die bei allem vorläufigen Misslingen auf das endgültige Gelingen unseres Lebens setzt, für den Menschen und um Gottes willen.

Epiphanie – Fest der Erscheinung des Herrn/Dreikönig (6. Januar)

Sternstunde

Regelmäßig werden uns zum Jahresende die großen nationalen und internationalen Ereignisse des vergangenen Jahres (in Sport, Politik, Kirche, Wirtschaft etc.) von den Medien in Jahresrückblicken in Erinnerung gerufen. Unsere persönlich und familiär wichtigen Ereignisse kommen da nicht vor. Was war die finsterste Stunde, der finsterste Tag des letzten Jahres? Was war die hellste Stunde, der hellste Tag des letzten Jahres?

Was sein wird, steht in den Sternen, sagen wir angesichts einer unüberschaubaren Zukunft. Manche lesen daher auch die Horoskope zu ihren Sternbildern und nicht wenige sind der Meinung, dass da doch irgendetwas dran sein muss, dran ist. Auch die so aufgeklärten Menschen des 21. Jahrhunderts befragen die Sterne, und Astrologen haben Hochkonjunktur.

Zu Beginn eines neuen Jahres mag man sich fragen: Unter welchem Stern steht dieses neue Jahr, steht mein Leben? Ist mein Stern noch im Kommen oder schon im Sinken? Unter welchen Stern stelle ich dieses neue Jahr, stelle ich mein Leben? Welchem Stern folge ich in diesem neuen Jahr, in meinem Leben?

Der Stern auf dem »Heilig's Blechle« aus Stuttgart steht nicht am Himmel, sondern im Stau. Das ist nicht der Stern, dem man folgen kann, nicht einmal in Wirtschaftsfragen. Auch die »Stars and Stripes«, das Sternenbanner der Vereinigten Staaten von Amerika, taugen nach den teils Abgründe eröffnenden politisch-moralischen Fehlentscheidungen der mächtigsten Nation der Welt nicht mehr zum Leitstern politischer Willensbildung. Unter dem weiten Sternenhimmel von Millionen Angeboten sollte man nicht vorschnell auf die spektakulärsten Erscheinungen setzen, denn das sind manchmal nur die in rasendem Sturz verglühenden Sternschnuppen. Kaum nimmt man sie wahr, sind sie einem schon schnuppe.

Die Sterne haben eine praktische Bedeutung für Seefahrer und Wüstenwanderer, früher waren sie die einzig sichere Quelle der Richtungsfindung. Sterne – Leitsterne. Auch die nächtlich ziehenden Zugvögel orientieren sich an den Sternen. Mit einem von ihnen, der Mönchsgrasmücke, hat man folgenden Versuch gemacht: Man hat in Deutschland ausgebrütete Jungvögel, die noch nie ihr Überwinterungsquartier im östlichen Mittelmeerraum aufgesucht hatten, während ihrer Zugunruhe in einen großen Rundkäfig gesetzt. Diesen Käfig mit rundumlaufenden Sitzstangen hat man in ein Planetarium gebracht und den nächtlichen Sternenhimmel in die Kuppel projiziert. Tatsächlich orientierten sich die Jungtiere auf ihren Sitzstangen genau in der Richtung, in die sie hätten ziehen müssen. Auch die Veränderungen am nächtlichen Sternenhimmel machten sie nicht orientierungslos, denn sie wussten offenbar Fixsterne von Planeten zu unterscheiden. Diese unbeirrbare Orientierung an Leitsternen könnten wir von ihnen gerade für die Nachtstrecken unseres Lebens lernen.

Auch die Weihnachtsgeschichte erzählt von einem Stern, dem die drei Weisen aus dem Osten unbeirrt gefolgt sind, vom Stern von Betlehem. War das die zyklische Wiederkehr des Halleyschen Kometen? Oder war das die dreifache Planetenkonjunktion von Jupiter und Saturn im Jahre 7 v. Chr.? Wir wissen es nicht. Die Hl. Schrift will uns aber offenbar dies sagen: Die Geburt Jesu Christi ist eine Sternstunde der Menschheit.

Christus ist allerdings nicht der »Star« oder der armselige »Superstar«, nach dem angeblich ganz Deutschland sucht. Selbst die glänzendsten unter den Stars sind meistens armselige Tranfunzeln, aber keine Peilpunkte für die Navigation meines Lebensschiffes. Stars, ob in Wissenschaft, Politik, Wirtschaft oder Kirche, sind nur Armleuchter, die man an den Bug des eigenen Schiffes genagelt hat. Und nach Markierungen am Bug des eigenen Schiffes kann man nicht segeln. »*Wer gerade Furchen ziehen will, muss seinen Pflug an einen Stern hängen*«, sagt ein arabisches Sprichwort. Gerade Furchen auf dem Acker unseres Lebens, gerade Bugwellen im Meer der Zeit, gerade Kondensstreifen am Horizont der Endlichkeit zieht nur, wer einen Peilpunkt jenseits alles nur menschlich Bedingten, wer einen Peilpunkt im Unbedingten hat.

Wie findet man den Peilpunkt im Unbedingten? Das Vergangene können wir nur neu interpretieren, aber nicht mehr modifizieren. Das Zukünftige können wir vage prognostizieren, aber noch nicht realisieren. Zwischen dem Nicht-mehr und dem Noch-nicht leben wir. Da begegnen wir dem Unbedingten. »*Der Augenblick ist die Wiege der Zukunft*«, hat der Dichter Franz Grillparzer (1791–1872) einmal geschrieben.

In dieser Gegenwart können wir darauf vertrauen, dass wir, wo wir nichts mehr ergreifen und begreifen können, vom unbegreiflich gegenwärtigen Gott längst schon ergriffen und umgriffen sind. Und dieser unserem menschlichen Horizont entzogene unbegreifbare Gott taucht in Christus als göttlich ergreifender und eingreifender Mensch am Horizont unseres Bewusstseins auf. Er ist der entscheidende Fixstern, der Leitstern unseres Lebens; er orientiert unser zeitliches Heute auf ein ewiges Morgen. Und vielleicht ist das die entscheidende Sternstunde unseres Lebens, in der wir das erahnen. Dann wird die Spur, die wir hinterlassen, auch für andere geradlinig, vertrauenswürdig, richtungsweisend.

Bevor wir aufbrechen, um nach Gott zu suchen, sind wir schon von Gott Gesuchte, ja sogar Ausgesuchte und Aufgesuchte. Christus ist der Stern, der uns auf- und einleuchten soll. Dann haben wir Orientierung und Geleit, lebenslänglich, auch noch, wenn uns sterbensbang ist. Als Christen glauben wir, dass Christus der entscheidende Peilpunkt in der existenziellen Orientierungslosigkeit ist. Peilen wir ihn im neuen Jahr an, auch und gerade in den Nachtstunden unseres Daseins, bekommt unser Leben Struktur und Richtung, Ziel und Sinn.

FASTEN- UND OSTERZEIT

Ist die Fasten- und Osterzeit einladend, ist sie lehrreich? Sie beginnt mit dem »Absturz« aus dem Hoch der sogenannten tollen Tage des Karnevals in die Tiefen des Fast- und Abstinenztags Aschermittwoch. Sie mutet uns zunächst so unerfreuliche Dinge wie Fasten, Umkehr und Buße zu. Diese Einladung brüskiert.

Und doch empfinden nicht wenige Menschen trotz und wegen der Schroffheit dieses Übergangs den Beginn der Fastenzeit als Einladung, das, was sie für sich als notwendig erkannt haben, endlich und möglichst mit vielen Mittätern in die Tat umzusetzen. Tatsächlich lassen sich Menschen zum Fasten einladen, und sei es nur und zuerst zum Zweck der Gewichtsreduktion. Aber manchmal erfahren sie dabei eben auch die Erleichterung des Glaubens. Tatsächlich lassen sich Menschen, etwa durch Exerzitien im Alltag, dazu einladen, die eigene Umkehr zu realisieren. Und nicht selten wird diese Umkehr eine Abkehr vom bisherigen Lebenskonzept und eine Hinkehr zu Gott und den Mitmenschen.

Ist die Karwoche einladend, ist sie lehrreich? Wir kennen Lehrpfade, zum Beispiel Waldlehrpfade, die uns vertraut machen mit den Pflanzengesellschaften und -arten des Waldes, oder geologische Lehrpfade, die uns vertraut machen mit Erdzeitaltern, Gesteinsschichten, Fundhorizonten von Fossilien etc. Lehrpfade laden uns ein und führen uns ein in die unbekannten Dimensionen des scheinbar Vertrauten. Und die Karwoche ist eine Art Lebenslehrpfad.

Dieser Lebenslehrpfad beginnt mit dem trügerischen Beifall, dem Hosianna-Gejohle der Massen am Palmsonntag beim Einzug Jesu in Jerusalem. Es sind dieselben Massen, die wenige Tage danach in derselben Stadt, mit derselben Intensität gegenüber demselben Menschen ihr »Kreuzige ihn!« schreien. Auf diesen Beifall nicht zu setzen, lehrt uns die Karwoche.

Auf diesem Lebenslehrpfad lernen wir am Gründonnerstag, der zweiten Station, etwas über die Zusammengehörigkeit des Hochamtes beim eucharistischen Mahl und des niedrigen Dienstes bei der Fußwaschung. Der, mit dem niemand auf gleichem Fuß verkehren kann, kümmert sich um den Dreck von der untersten Sohle seiner Jünger. Gottesdienst ist zuerst Gottes Dienst an uns Menschen. So lernen wir, durch den Dienst an den Menschen unseren Gottesdienst glaubwürdig werden zu lassen. Wer sich den niedrigen Menschendienst nicht zumutet, kann der wirklich hochgemut Gottesdienst feiern?

An der dritten Station auf dem Lebenslehrpfad lernen wir am Karfreitag, von Pontius nach Pilatus geschickt, ungerecht beurteilt und abgeurteilt und am Ende unschuldig aufs Kreuz gelegt zu werden. Am Karfreitag lernen wir an Jesus Christus, wie der Verzweiflungsschrei des Todes zum Hoffnungsgebet des Lebens werden kann.

An der vierten Station auf dem Lebenslehrpfad lernen wir am Karsamstag das lastende Todesschweigen und das tiefe Todesdunkel auszuhalten, bis sich dem ins Dunkel spähenden Auge das erste Zwielicht des Ostermorgens und dem in die Stille hineinlauschenden Ohr der erste Anklang des Osterhallelujas mitteilt.

Und an Ostern lernen wir abschließend oder besser aufschließend, dass das Leben über den Tod und nicht der Tod über das Leben siegt. Diese Einsicht, diese Aussicht und diese Zuversicht üben wir fünfzig Tage lang bis Pfingsten und darüber hinaus mit Gottes Geistesgegenwart.

Die Fasten- und Osterzeit ist eine Einladung ins Christentum, die uns, gerade weil ihr nichts Menschliches fremd ist, dem Göttlichen näherbringt. Die Fasten- und Osterzeit ist auch ein Grundkurs des Glaubens, der unsere Aufmerksamkeit fokussiert auf Leiden, Sterben und Tod und zugleich auch auf Hoffnung, Leben und Auferstehung, der unsere Aufmerksamkeit fokussiert auf den Gott, der uns Leben schenkt, weil er selbst das Leben ist.

Fastenzeit

Aller guten Dinge ...

Nach den drei tollen Karnevalstagen empfiehlt uns das Evangelium vom Aschermittwoch drei tolle Taten. Sie heißen etwas altmodisch, aber zeitlos gültig formuliert: Almosen austeilen, fasten, beten. »Aller guten Dinge sind drei.« Das ist nun kein Sammelsurium frommer Empfehlungen, sondern weit mehr: Damit werden nämlich die drei entscheidenden Grunddimensionen des menschlichen Lebens angesprochen.

ALMOSEN GEBEN, das heißt, den anderen in den Blick nehmen, die mitmenschliche Dimension wahrnehmen. Durch Solidarität sollen und können wir dazu beitragen, soziale Ungerechtigkeiten zu korrigieren. Und das hat Konsequenzen nicht nur für den anderen, sondern auch für uns selbst.

Ein deutsches Sprichwort sagt: »*Wer nichts Gutes tut, tut schon Böses genug.*« Das Tun des Bösen ist das Unterlassen des Guten; aber das Unterlassen des Bösen ist deshalb noch nicht das Tun des Guten. Ein anderes Sprichwort stellt fest: »*Der Mildtätige gibt sich reich, der Geizige nimmt sich arm.*« Wer gibt, wird durch sein Geben menschlich bereichert; wer nur von anderen nimmt oder gar andere ausnimmt, der verarmt menschlich, der verhungert in dem Maße, wie er sein Konto mästet.

Das ist genau die paradoxe Logik, die uns auch Dutzende von Malen im Evangelium begegnet. Der Komponist Robert Stolz (1880–1975) hat diese paradoxe Logik sehr treffend so formuliert: »*Es bleibt einem im Leben nur das, was man verschenkt hat.*« Und die Schriftstellerin Marie von Ebner-Eschenbach (1830–1916) sagt: »*Die Menschen, denen wir eine Stütze sind, geben uns den Halt im Leben.*«

Lassen wir uns also nicht lumpen beim Almosen. Wer das Du nicht im Blick hat, erhebt das eigene Ich zum Götzen und schadet sich selbst und dem anderen.

FASTEN, das heißt, sich selbst in den Blick nehmen, die Beziehung zu sich selbst wahrnehmen, die eigene Selbstzufriedenheit und Selbstgerechtigkeit korrigieren. Fasten ist nicht Missachtung oder gar Verachtung seiner selbst, sondern im Gegenteil Beachtung seiner selbst. Manchmal genügt der Spiegel nicht mehr, um sich selbst in den Blick zu nehmen, dann muss man die Waage zu Hilfe nehmen.

Noch als Student hörte ich ehrfurchtsvoll einen Vortrag über das tiefsinnige Wort des Mystikers Meister Eckhart: *»Nichts ist schwer, bist du nur leicht.«* Es ging darum, sich selbst nicht zu wichtig und zu gewichtig zu nehmen, es ging um die Leichtigkeit des Daseins für den geistlichen Menschen. Als wir Studenten stillschweigend den Raum verließen, klopfte ein frecher Mitstudent auf das Feinkostgewölbe eines anderen Kommilitonen und raunte: »Hier haben wir den Beleg durch die Gegenprobe: Nichts ist leicht, bist du nur schwer.« Meine ganze Ehrfurcht ersoff im Gelächter.

Manchmal bekommt man sich selbst aber weder mit Spiegel noch mit Waage in den Blick, dann muss man die Uhr zu Hilfe nehmen. Und beim Blick auf die Uhr sollte man sich fragen, ob man nur noch in der Arbeit lebt, ob man noch Leben in der Arbeit hat. Beim Blick auf die Uhr sollte man sich fragen, ob die Zeitkontingente fürs Feiern und fürs Beten im rechten Verhältnis zueinander stehen. Bin ich schon zum »Workaholic« oder auch zum »Vergnügungssüchtling« geworden? Dann heißt Fasten für uns Arbeitszeitverkürzung oder Feierzeitverkürzung zur Lebenszeitverlängerung mit dem anderen und mit Gott.

Wer das eigene Ich nicht im Blick hat, erhebt das Du zum Götzen und schadet dem anderen und sich selbst.

BETEN, das heißt, Gott in den Blick nehmen, die kurzatmigen und kurzlebigen Hoffnungen korrigieren und auf ihn die Lebenshoffnung setzen, die auch am Tod nicht scheitert. Beten heißt, Gott zu Worte kommen und zu Werke gehen lassen.

Wenn wir sagen, den muss ich mal ins Gebet nehmen, dann meinen wir zumeist eine kritische Auseinandersetzung, so etwas wie dem anderen auf den Zahn fühlen, ihm ins Gewissen reden etc. Wir können und sollen den anderen aber auch so ins Gebet nehmen, dass wir ihn wie ein Herzensanliegen ins Gebet vor Gott mitnehmen. Und bei diesem Beten, bei dem wir den anderen mitnehmen, dürfen und sollen wir uns auch selbst mitbringen. Im Gebet kommen beide vor, der andere und ich selbst. Mit dem Rücken zum Not leidenden anderen lässt sich ebenso wenig beten wie unter Ausblendung des eigenen Lebens.

Folgt man dem Hauptgebot der Gottes- und Nächstenliebe, dann ist weder die Ausbeutung der anderen noch die Ausbeutung seiner selbst im Sinne Gottes. Die Überbetonung des anderen auf Teufel komm raus ist ebenso wenig christlich wie die Missachtung seiner selbst. Beim Beten klärt sich überdies der Blick auf das eigene Ich und das Du des anderen. Der Blick aus Gottes Perspektive macht uns menschlicher.

In den Karnevalstagen hören wir hundert Mal und öfter den dreifachen Tusch, damit man auch jenseits der Fahrtüchtigkeit weiß, dass man da gerade eine Pointe verpasst hat oder dass da angeblich eine Pointe war. Wer zu Beginn der Fastenzeit noch immer diesen Tusch im Ohr hat, der sollte mit allen Sinnen den Dreiklang der drei tollen Taten wahrnehmen und wahr machen: Almosen austeilen, fasten, beten. Das ist der zeitlos gültige Dreiklang menschlichen Daseins. Und dieser Dreiklang ist nicht jenseits der Fahrtüchtigkeit der Nachruf auf eine verpasste Pointe, sondern diesseits der Lebenstüchtigkeit der Aufruf und Weckruf für die Lebenspointe: Unser Leben gelingt dann, wenn wir diese drei Lebensdimensionen –

das Du, das Ich und Gott – in den Blick nehmen. Unser Leben gelingt dann, wenn wir das Du, das Ich und Gott mit Herz, Hirn und Hand (be-)fühlen und (be-)denken und (be-)handeln.

Stein des Anstoßes

Die Fastenzeit ist eine Zeit der Umkehr, der grundlegenden Neuorientierung auf Gott hin. Gewiss soll man auch Kleinigkeiten nicht verharmlosen und verniedlichen, sondern ernst nehmen. Aber bei der Umkehr geht es nicht nur um Kinkerlitzchen und Kinderkram, sondern vor allem um kapitale menschliche Verfehlungen.

Das Johannesevangelium erzählt uns von einer solchen. Eine Frau ist beim Ehebruch ertappt worden, und zwar in flagranti. Das Leugnen ist zwecklos. Die wortgewaltigen und selbstgerechten Schriftgelehrten und Pharisäer haben sie physisch und juristisch im Griff und wissen, wie mit ihr weiter zu verfahren ist. Ehebruch lag nur dann vor, wenn ein verheirateter Mann mit einer verheirateten Frau oder mit der Verlobten eines anderen geschlechtlichen Umgang hatte. Ein Mann konnte nur die Ehe eines anderen Mannes brechen. Unbedingte eheliche Treue oblag allein der Frau. Aus diesem Grunde brach der Mann beim Fremdgehen seine eigene Ehe nicht, sehr machofreundliche Regelungen also. Die Frau war durch die Eheschließung das Eigentum des Mannes, und darum dienten die Ehebruchsregelungen in erster Linie dem Schutz des Rechtes eines Ehemannes auf den exklusiven Besitz der eigenen Frau. Nach Lev 20,10 und Dtn 22,22 war die Gesetzeslage eindeutig. Der Beischlaf einer Verlobten wurde durch Steinigung der Verlobten geahndet, der Beischlaf einer Verheirateten auch durch Erdrosselung.

Ganz offensichtlich war den moralischen Saubermännern aber doch nicht so ganz wohl mit diesen drakonischen Strafen, und darum schleppten sie die Frau zu Jesus. Sie nutzten diesen offensichtlichen und schwerwiegenden Fall, um Jesus, den Kritiker vieler rigider Regelungen, mit einer Fangfrage in Bedrängnis zu bringen. Sagt er, das Gesetz des Mose ist zu vollstrecken, würden sie sagen können: Seine Rede von Menschlichkeit und Barmherzigkeit ist bloßes Schwadronieren, ist hohle substanzlose Sonntagsrhetorik. Sagt er, das Gesetz ist nicht zu vollstrecken, würden sie sagen können: Der hält sich nicht einmal an die heiligen Gesetze des Mose. Dem mangelt es an der grundlegenden Frömmigkeit und Gesetzestreue.

Jesus gab den drängenden Fragen der Schriftgelehrten und Pharisäer nicht nach. Er bückte sich und schrieb mit den Fingern auf die Erde. Es gab eine rabbinische Gepflogenheit, nach der man eine Nichtigkeitserklärung über einen schuldigen Menschen in den Sand schrieb. Wind und Wasser vernichten die Schrift und dokumentieren, wie sehr all unser Tun vom Winde verweht wird, wenn es nicht zutiefst in Gott gegründet, in den Felsengrund der Gottesbeziehung eingemeißelt ist.

Aber die Gegner insistierten, bohrten nach. Da kam das Zeit überdauernde, auch uns und unsere Zeit betreffende Jesus-Wort: »*Wer von euch ohne Sünde ist, werfe als erster einen Stein auf sie*« (Joh 8,7). Und dann bückte er sich und schrieb wieder auf die Erde, woraufhin die Saubermänner, die öffentlichen Moralwächter, einer nach dem anderen gingen. Der Evangelist setzte dem lakonisch hinzu: »Zuerst die Ältesten«. Die hatten nämlich am meisten Dreck am Stecken.

Die Doppelstrategie, die Frau und Jesus zur Strecke zu bringen, ging nicht auf, sie scheiterte an Jesu Geistesgegenwart. Erst dann richtete Jesus sich wieder auf und sprach die Frau an, die noch immer, wie am Pranger, mit ihrer Schuld und Scham in der Mitte stand. Und auch dies ist wichtig, Jesus sagte nicht: Schwamm drüber, macht doch alles nichts. Er sagte nicht: Du kannst doch leben, wie du willst. Er sagte nicht: Lass dich bei so etwas nicht mehr erwischen. Er sagte: »*Frau, wo sind sie geblieben? Hat dich keiner verurteilt? Sie antwortete: Keiner, Herr. Da sagte Jesus zu ihr: Auch ich verurteile dich nicht. Geh und sündige von jetzt an nicht mehr!«* (Joh 8,10–11).

Man achte auf die Reihenfolge. Hier wird nicht gesagt: Ändere dich zuerst und dann, wenn das Erfolg zeitigt, vergebe ich dir später. Die Vergebung ist eine Vorleistung Gottes. Sie ist ein Vertrauensvorschuss Gottes an den Menschen. Und gerade diese Vergebung, dieser Vertrauensvorsprung hat eine den Menschen von Grund auf verändernde Konsequenz.

Auch wenn unser Leben nach menschlichen Gesetzen keinen Pfifferling mehr wert ist, Gott folgt anderen Gesetzen. Seine Gerechtigkeit ist seine Barmherzigkeit und seine Barmherzigkeit ist seine Gerechtigkeit. Er predigt nicht die Verharmlosung der Schuld, sondern die Vergebung für den Schuldigen. Er propagiert nicht die Rechtfertigung der Tat, sondern die Rechtfertigung des Täters. Er räumt nicht den Stein des Anstoßes, sondern die Steine der Steinigung aus dem Weg.

Manchmal denke ich, es wäre gut, wenn wir uns alle diese lebensverändernde Vergebung Gottes wieder einholten, wenn wir uns die Vergebung Gottes wieder zusprechen und damit den Neuanfang schenken ließen. Osterbeichte hieß das früher und hatte schon vor dem Tod die Kraft, einen Menschen aus dem Grab der eigenen Schuld und Scham zu einem neuen Lebensbeginn auferstehen zu lassen. Denn der Gott, mit dem wir es – wie die Ehebrecherin – zu tun haben, der richtet nicht hin, sondern auf. Der führt nicht das Leben zum Tod, sondern aus dem Tod zum Leben.

Trainingslager

Die Fastenzeit ist eine Art Trainingslager der Menschlichkeit. Wenn ich definieren sollte, was Fasten ist, dann würde ich es auf drei Begriffe, im Sportjargon auf drei Trainingseinheiten, zurückführen:

Authentizität

Manchmal sieht man sie, die Großkopferten aus Politik, Wirtschaft, Gesellschaft und Kirche, bei den pflichtmäßig abzuhaltenden und durchzustehenden Gedenkveranstaltungen und Vollversammlungen. Ihre Gesichter sind zerknautscht von einer lang geübten Betroffenheitsmimik, ihre Blicke gehen heroisch in die Weite. Ihre Hände sind drapiert und inszeniert zu theatralischer Deute- oder Wegweisungsgestik. Ihre Worte stammen aus der Datei für Textbausteine, je nachdem mit der Überschrift: das kleine Tröstliche, das große Dramatische, das kurzweilig Heitere etc. Es fehlt hinten und vorn an Authentizität, alles missrät ihnen zur Selbstinszenierung. Ihre Herzen bleiben am Rand oder außen vor, die Parteitaktik mittendrin. Die medial aufgehübschte Lüge ist obenauf, die nackte Wahrheit untendurch. Aber was für die Großen gilt, gilt auch für die Kleinen: Es fehlt an Authentizität. Fasten heißt: Lass den Mummenschanz, die Show, das Betroffenheitsgehabe und Bedeutsamkeitsgetue, werde ehrlich, denn das macht dich frei. Sei endlich du selbst, werde endlich du selbst; denn so, wie du wirklich bist, sieht dich auch Gott.

Solidarität

Wenn man vom Fasten in der Wirtschaft spricht, meinen alle, der kleine Mann solle in der Kneipe ein Bier weniger trinken. Das mag gut und richtig sein. Wichtiger aber ist, dass die Bosse in der Industrie, in den Vorständen, in den Großaktionärsversammlungen endlich aufhören, höchst rentable, gut gehende Firmen in Billiglohnländer zu verlegen. Die Differenz zwischen dem satten Gewinn hier und dem vollfetten Gewinn dort ist ihnen Grund genug, ihre Belegschaft auf die Straße zu setzen, sodass diese der Allgemeinheit auf der Tasche liegt. Das ist eine intolerable Umbuchung, die betriebswirtschaftliche Gewinne dadurch erzielt, dass sie volkswirtschaftliche Verluste produziert. Dieser Tritt in den Allerwertesten ihrer Angestellten zeigt, was manchen Bossen am meisten wert ist, das Geld. Hier wäre einmal Gewinn-Fasten angesagt, und diese Art von Fasten wäre ein Gewinn für das Vertrauen und die Menschlichkeit in unserer Gesellschaft.

Und wie steht es mit dem Fasten für die Besserverdienenden? Wer immer dazugehört, sollte schauen, was er auf dem Konto und in Aktien deponiert hat, und sich fragen, wie lange er davon leben kann. Es sind nicht wenige in unserem Land, die, selbst wenn kein Gehalt oder keine Pension mehr käme, vom Angesparten zehn Jahre und mehr leben könnten. Haben sie realistischerweise noch zehn Jahre zu erwarten? Brauchen sie diese Sicherheitsmarge wirklich? Und wenn nicht, könnte man dann nicht damit das Grundkapital einer sozialen Stiftung aufbessern, Notleidende unterstützen, damit dieses Geld Zins und Zinseszins der Menschlichkeit einspielt?

Es ist gut, wenn der Überhang über dem Hosengürtel oder der Speckgürtel an der Hüfte ab- oder gar wegschmilzt. Es ist gut, sich selbst zu beweisen, dass das Leeren der abendlichen Flaschen Bier oder Wein nicht einfach nur mich voll und am Ende doch leer macht. Es ist gut, wenn die Glotze, vielleicht von den Nachrichten abgesehen, ganz ausgeht, damit die lebendige Kommunikation wieder angeht. Es ist gut, wenn wir die Freizeit fressende Internetzeit drastisch einschränken, um die freie Zeit für den Partner, die Kinder, den Nachbarn und nicht zuletzt für uns selbst auszuweiten.

Was beim Fasten herausspringt an Zeit, an Geld, an Zuwendung, muss irgendwo ankommen, bei meinem Ehepartner, meinen Kindern oder bei Hungerleidern, hautnah und weltweit. Fasten, wann, wo und durch wen auch immer es geschieht, muss ein Akt der Solidarität sein oder werden. Wo das nicht geschieht, bleibt das Fasten bloße selbstverliebte Spiegelfechterei, und damit hat noch niemand ein ernstes Gefecht gewonnen.

Spiritualität

Authentizität, also das richtige Verhalten zu mir selbst, und Solidarität, also das richtige Verhalten zum anderen, bedürfen noch der Spiritualität, des richtigen Verhaltens zu Gott.

Im stressigen Affenzirkus dieser hektischen Welt haben wir es alle nötig, Ruhe und Besinnung zu finden, damit wir nicht uns selbst und den Grund von allem verlieren. Diese Ruhe und diese Besinnung finden wir bei und vor Gott.

Im persönlichen Scheitern und beruflichen Misslingen unserer Lebensentwürfe haben wir es alle nötig, Trost und Ermutigung zu finden, um uns neu aufzurichten, neu anzufangen, von Neuem vorwärtszugehen. Diesen Trost und diese Ermutigung finden wir mit und durch Gott.

Vom ersten Anfang an bis zum letzten Ende hin haben wir es alle nötig, eine tragfähige Hoffnung und ein endgültiges Ziel zu finden, damit unser Leben einen Sinn hat. Diese Hoffnung und dieses Ziel finden wir in Gott.

Nutzen wir dieses vierzigtägige Trainingslager in Sachen Menschlichkeit, wagen wir die Trainingseinheiten der Authentizität, der Solidarität und der Spiritualität, um uns selbst, den anderen und Gott in den Blick zu bekommen. Und wenn auch Fingerabdruck und Gensequenz nachher so sind wie vorher, wir selbst sind andere, bessere, glücklichere Menschen.

Versuchung

Sind Sie in Versuchung? Wer oder was führt Sie in Versuchung? Die Schale mit Süßigkeiten, die herrliche Flasche Wein, der sportliche Kollege, die hübsche Nachbarin? Oder ist es eher das Gefühl der Macht, die Möglichkeit, Gewinn zu machen? Oder ist es die Gelegenheit, im Mittelpunkt zu stehen und bewundert zu werden? Alles das ist nur allzu menschlich.

Am Beginn der Fastenzeit wird uns im Sonntagsgottesdienst immer eine merkwürdige Geschichte aufgetischt, die von der dreifachen Versuchung Jesu. Diese Geschichte ist im Neuen Testament (Mt 4,1–11) direkt angeschlossen an die Taufe Jesu, mit der ja sein öffentliches Wirken begann. Versuchung, Krise, Kampf und Entscheidung zum Guten stehen auch für Jesus am Beginn und am Ende seines Wirkens. Denn von fast allen großen Gestalten der Religionsgeschichte, von Buddha, Zarathustra, Muhammad und eben auch von Jesus, werden Initialerlebnisse in Form von Versuchungen und Bewährungen überliefert.

Da ist also einer in der Wüste und fastet vierzig Tage. Und dann kommt der Teufel zu ihm. Wen wundert es, dass einer in einer solchen Situation Gespenster sieht? Oder wie soll ich mir den Teufel vorstellen, etwa mit Hörnern und Bocksfuß? Er präsentiert Jesus von einem Berg aus alle Reiche der Erde. Von welchem Berg aus soll das denn zu überschauen sein? Das gelingt angesichts der Erdkrümmung nicht einmal vom Mount Everest aus. Das ist gar keine neue Erkenntnis, das wussten bereits die Theologen der Antike, wie man bei Origenes nachlesen kann.

Nicht das äußerlich Erzählte ist das Entscheidende. Entscheidend ist das innere, das existenzielle Erleben in der Wüste des eigenen Innern. Die Wüste ist ein Ort der Leere und Bedrohung, ein Ort der Hilflosigkeit und Ohnmacht, ein Ort der Anfechtung und Versuchung, aber auch ein Ort der Stille und des Konfrontiertseins mit sich selbst, ein Ort der Besinnung und Reifung, ein Ort der Gotteserfahrung und Gottesbegegnung.

Und hier, in der Situation des Ausgesetztseins, des Umbruchs und Übergangs, tritt der Versucher an den Menschen heran. Die drei Ansinnen des Versuchers betreffen die grundlegenden Gefährdungen des Menschen: 1. die Genusssucht, 2. die Geltungssucht und 3. die Habsucht und Machtgier.

Zunächst ermutigt der Teufel den hungernden Jesus, Steine zu Brot zu verwandeln. Ist das nicht wunderbar, Jesus als sozialer Wohltäter? Jesus war ein solcher Wohltäter; er hat hungernde Menschen gespeist. Zugleich aber hat er darauf hingewiesen, dass der Mensch mehr ist als Bedürfnisbefriedigung, Stoffwechsel und Genuss. Jesus liefert keine Wunder, um Menschen abzufüttern, bedient nicht die menschliche Genusssucht, um sich dabei in den Mittelpunkt zu stellen. Auch die Speisung mit Brot ist für ihn immer Hinweis auf den Geber aller Gaben, auf Gott. Den Menschen auf Brot, also auf seine bloße biologische Realität zu reduzieren, auf Essen, Trinken, Verdauung, Ausscheidung und Zeugung, zerstört seine Würde. Gewiss braucht der Mensch das Brot, aber: *»Der Mensch lebt nicht vom Brot allein, sondern von jedem Wort, das aus dem Munde Gottes stammt«* (Dtn 8,3). Der Mensch ist ein biologisches Wesen und zugleich mehr als alle Biologie. Und wer ihn auf nichts als Biologie reduzieren will, rettet ihn nicht, sondern zerstört ihn. Der Mensch ist Mensch in seinem Gegenüber zu Gott, in seiner Kommunikation mit Gott; er ist Abbild Gottes und das gibt ihm eine von nichts sonst ableitbare Würde.

Die zweite Versuchung, die an Jesus herangetragen wird: Er soll sich von der Zinne des Tempels herabstürzen, um sich als Wundermann zu erweisen. Er soll sich selbst als Attraktion, als Schaustück, als Unterhaltungskünstler, als Superstar präsentieren. Schließlich hat Gott doch seinen Beistand verheißen. Gott zum Wunder provozieren, dahinter steckt Selbstbestätigungssucht, Ego-Pflege, Geltungssucht. Dagegen setzt

Jesus wiederum ein Schriftwort: *»Du sollst den Herrn, deinen Gott, nicht auf die Probe stellen«* (Dtn 16,16).

Später, in seiner Passion, werden die Menschen sagen: *»Wenn er der Messias ist, steige er doch vom Kreuz herab, dann wollen wir an ihn glauben«* (Mk 15,32). Es ist uns zugemutet und zugetraut, uns wie der sterbende Christus am Kreuz ganz auf Gott zu verlassen. Und wie der aus seinem Tod auferstandene, lebende Christus lebt, so ist auch uns Leben zugesagt. Denn wir sind selbst in der Verlassenheit des Todes nicht gottverlassen, sondern mit dem Gott des Lebens auf dem Weg zur Fülle des Lebens.

Die dritte Versuchung schließlich ist die zu Habsucht und Machtgier. Der Satan gibt sich als Herrn der Welt aus, und manchmal kann man den Eindruck haben, es sei so. Der Versucher verspricht alle Macht und Herrlichkeit der Reiche dieser Erde dem, der sich ihm unterwirft und ihn anbetet. Hundertfach ist dieser Teufelspakt in Märchen und Legenden erzählt worden. Aber leider ist er auch in der politischen und militärischen Geschichte hundertfach durchlebt und durchlitten worden. Man denke an die Menschen und Gott verachtenden Regime des Stalinismus und Nationalsozialismus, an das Menschen und Gott verachtende Wirtschaftsgebaren eines brutalen Kapitalismus. Hier hat der Mensch alles Maß verloren, und die Welt, die sich der Habsucht und der Machtgier hingibt, geht vor die Hunde, geht buchstäblich zum Teufel.

Diese drei grundlegenden Versuchungen zur Genusssucht, zur Geltungssucht, zur Habsucht und Machtgier kennen wir in tausend Varianten. Wer ihnen nachgibt, der lässt die Welt in drei Teufels Namen vor die Hunde gehen. Erst in der strikten Orientierung an Gott gewinnen wir im Umgang mit dem Bösen die nötige Standfestigkeit und Widerstandskraft. Bei der Taufe und in jeder Osternacht werden wir gefragt: *»Widersagt ihr dem Bösen, um in der Freiheit der Kinder Gottes leben zu können?«* Wer hier widersagt und widersteht, der geht nicht zum Teufel, sondern in Gottes Namen zum Herrn.

Karwoche

Passionsfrucht

Was fällt Ihnen beim Stichwort Passion ein? Der Philologe denkt an die Herkunft des Begriffs, die griechische von *pathos*, was Leiden und Leidenschaft bedeutet, und die lateinische von *patior*, was erleiden, ertragen, erdulden meint. Der Musiker hat vielleicht zuerst die großartigen Passionen von Bach im Sinn, die Matthäus- und Johannespassion. Der bildende Künstler sieht Dutzende von Altargemälden mit dem leidenden Christus, sieht geschnitzte Kreuze, Kreuzwegbilder und -skulpturen oder Glasmalereien vor dem inneren Auge. Dem Dramaturgen fallen vielleicht pathetische oder passionierte Schauspieler ein oder Passionsspiele, die an vielen Orten auf meist volkstümliche Weise das Leiden Christi nachspielen. Der Biologe denkt womöglich an die tropischen und subtropischen Passionsblumengewächse. Vielleicht weiß er nicht, dass sie namensgebend seit dem 17. Jahrhundert mit der Passion Jesu in Verbindung gebracht werden und die Narbenkrone in der Blüte an den Dornenkranz sowie die drei Griffel an die Nägel Jesu erinnern sollen. Der Theologe denkt natürlich an die Leidensgeschichten des Alten Testaments und besonders an die Passionsgeschichten Jesu in den vier Evangelien. Immer hat das Wort Passion etwas mit Leiden und leidenschaftlicher Hingabe zu tun.

Manch ein Zeitgenosse denkt beim Wort Passion: Wenn mit Jesus Christus der Sohn Gottes in den Tod geht, was ist das für ein Vater-Gott? Schickt der – anscheinend unberührt und ungerührt über den Wolken thronend – seinen Sohn durch Menschenhand in den Tod? Aber dazu muss man korrigierend sagen: Wir haben keine zwei oder drei Götter, die arbeitsteilig irgendwelche Dinge erledigen, mit denen die zwei anderen Personen nichts zu tun hätten. Wir haben nur einen Gott. Und der eine und selbe Gott geht den bitteren Leidensweg aller Menschen mit, er erleidet in Jesus Christus den Tod des Menschen. Aber warum diese Passion?

Merkwürdigerweise benutzen wir das Wort leiden auch dann, wenn wir unsere Zuneigung oder Liebe zum Ausdruck bringen wollen: Den kann ich gut leiden. Ich mag dich leiden. Und wir benutzen das Wort leiden, wenn wir unsere Abneigung und Ablehnung zum Ausdruck bringen wollen: Den kann ich bzw. mag ich nicht leiden. Dabei wird die eigene Leidensbereitschaft als Maß für die Sympathie oder Antipathie zum anderen, die Leidensfähigkeit als Maß für die Liebe genommen.

Wenn man das im Kopf hat, dann sagt die Passion Jesu Christi: Gott ist ein leidenschaftlicher Liebhaber des Menschen, ein passionierter Freund des Menschen, derart passioniert, dass er die Passion auf sich nimmt. Sein maßloses Leiden ist Ausdruck seiner maßlosen Liebe.

Bevor am Karfreitag die Leidensgeschichte Jesu nach Johannes gelesen wird, erhalten wir an den Sonntagen zuvor im selben Evangelium Lehrstücke über Jesu Passion für den Menschen.

Da ist zuerst die Geschichte von der Samariterin am Jakobsbrunnen, der Frau mit dem ungestillten Lebensdurst. Fünf Männer hat sie gehabt und jetzt den sechsten »in Arbeit«. Jesus, der passionierte Freund des Menschen, wendet sich nicht moralinsauer von ihr ab, er wendet sich ihr verständnisvoll zu. Er zeigt ihr, wo und wie der menschliche Lebensdurst wirklich zu stillen ist. Er mag den nach Leben dürstenden Menschen von Herzen leiden.

Am darauffolgenden Sonntag lesen wir die Geschichte von dem Blindgeborenen, der durch Betteln seinen Lebensunterhalt fristen muss. Dieser Mann ist nicht nur wirtschaftlich, sondern auch sozial und religiös im Abseits, weil man seine

Blindheit als Strafe Gottes für seine oder seiner Eltern Sünden ansieht. Jesus, der passionierte Freund des Menschen, widerspricht nachdrücklich dieser Schuldzuschreibung, heilt den Blinden am Sabbat und holt ihn so aus seinem Elend heraus. Er gibt dem Leidenden, dem mit Blindheit Geschlagenen, eine neue Lebensperspektive, weil er ihn von Herzen leiden kann.

Und schließlich hören wir am Sonntag, bevor die liturgische Passionszeit beginnt, die Geschichte von der Totenerweckung des Lazarus. Jesus, der passionierte Freund des Menschen, trauert mit den Trauernden. Aber er gibt auch den Toten nicht verloren, geht auch dem Toten noch nach und führt ihn ins Leben. Diese Tat führt nach Johannes den Hohen Rat zum Tötungsbeschluss gegen Jesus. Jesus bestätigt und erfüllt die Lebenssehnsucht des Menschen, weil er ihn von Herzen leiden kann.

Und schließlich geht er, in dem Gott Mensch ist, selbst in den Tod. Er geht durch die Menschen, er geht für die Menschen, er geht wie die Menschen in den Tod.

Von jetzt an weiß ihn der leidende und sterbende, der nach Leben dürstende Mensch an seiner Seite. Auch im Tod ist der Mensch nicht gottverlassen. Der Tod Jesu Christi ist nicht das Menschenopfer, das man einem Blut saufenden und Menschen verschlingenden Gott-Moloch zur Beschwichtigung in den Rachen wirft. Im Tod Jesu Christi begibt sich Gott selbst in die tiefsten Niederungen des menschlichen Leidens und Sterbens, weil er leiden kann und den Menschen leiden mag. In Jesus Christus begegnet uns ein leidensfähiger, ein passionierter, ein sympathischer, d.h. ein mitleidender Gott.

Dieser Gott erträgt die Welt nicht nur; er erträgt sie sogar als die ihn nicht ertragende. Er erträgt mich und uns, die so Unerträglichen, Unverträglichen, Untragbaren. Er hilft uns tragen, uns selbst und andere tragen und ertragen. Im Blick auf diesen menschenfreundlich passionierten Gott können wir selbst einander tragen und ertragen und damit wie Jesus ertragreich werden.

Ich glaube, diese Passion, diese Leidensbereitschaft und leidenschaftliche Hingabe an den Menschen bringt reichen Ertrag. Menschlichkeit unter Menschen schon in der Zeit und Vollendung in Gott am Ende unserer Zeit, das ist der Name dieser Passions-Frucht.

Durchkreuzter Tod

Wissen Sie, wo Liberia liegt? Liberia ist ein kleines Land an der afrikanischen Westküste. Der Atlantik im Südwesten mit der sogenannten Pfefferküste, Sierra Leone im Nordwesten, Guinea im Norden und die Elfenbeinküste im Osten sind seine Grenzen. 3,5 Mio. Menschen leben hier. Knapp die Hälfte der Bevölkerung gehört zu einer der traditionellen afrikanischen Religionen, knapp 20 Prozent sind Muslime und knapp 40 Prozent sind Christen.

Wissen Sie, was Liberia heißt und wie es entstand? Liberia heißt so viel wie freies Land und sollte ein Land der Freiheit für ehemalige afroamerikanische Sklaven werden. 1822 wurden östlich von Kap Mesurado entlang der Pfefferküste 17.000 freigelassene Sklaven angesiedelt, die Vorfahren der heutigen Amerikoliberianer. Gegen den Widerstand der einheimischen Bevölkerung, der sogenannten Afroliberianer, kolonisierten sie mit erheblicher, bis ins 20. Jahrhundert reichender US-amerikanischer Unterstützung das Land. Im Jahre 1847 riefen diese Amerikoliberianer die unabhängige Republik Liberia aus. Liberia – Land der Freiheit? Zwei entsetzliche, mehrjährige Bürgerkriege, von 1990–1997 und von 1999–2003, hat das Land gerade hinter sich. Während dieser Zeit sind ca. 150.000 Menschen umgekommen und ca. 750.000 Liberianer in die Nachbarländer geflohen. Von Freiheit ist da kaum eine Spur.

In den Jahren des Bürgerkriegs hat man – wie in vielen anderen afrikanischen Staaten, etwa in Uganda – Kinder zu blind gehorchenden Soldaten abgerichtet. Ein teils drogen-

und alkoholabhängiges Heer kleiner Killer ist dabei entstanden. Die Kinder sind des Lesens und Schreibens unkundig, zu kritischer Reflexion nicht fähig und in keinem Handwerk geschult außer in dem des professionell und bandenmäßig arbeitenden Mörders. Seit 2004 versucht man mit einer Kommission für Wahrheit und Versöhnung, dem Frieden und der Gerechtigkeit und damit auch der Freiheit wieder eine Chance zu geben.

Eine riesige Aufgabe sind dabei die Resozialisierung und die Reintegrierung der Kindersoldaten. Man tut sich generell schon nicht immer leicht damit, Opfer zu entschädigen und Täter zu bestrafen. Aber diese Kinder sind Opfer und Täter zugleich. Und mit beidem, mit dem, was andere ihnen, und mit dem, was sie anderen angetan haben, müssen sie fertig werden. Sie sind als Täter Opfer und als Opfer Täter.

Die christlichen Kirchen nehmen sich nun seit Jahren dieser oftmals elternlosen Kinder an. In einer ihrer Initiativen werden Patronen- und Geschosshülsen, die hunderttausendfach Tod, Behinderung und Verstümmelung gebracht haben, bearbeitet. Die Kriegs- und Mordwerkzeuge werden zu Friedenssymbolen umfunktioniert; das ist im besten Sinne entwaffnend. Die Kinder stellen dabei das kopflastige Projektil auf die Spitze, schneiden mit Blechscheren die pulverhaltige Messinghülse von hinten auf und lassen auf der Projektilspitze nur noch ein Kreuz von der Messinghülse stehen. Tausende kleine Stehkreuze haben sie so angefertigt und über die kirchlichen Hilfswerke in Europa und Amerika verkauft. Das dient einerseits der Schulung manueller Fähigkeiten, andererseits der geistigen Auseinandersetzung mit ihren Mordwerkzeugen und nicht zuletzt der Mitfinanzierung ihrer Wohnheime und Schulungsstätten. Das, womit andere ihnen und sie selbst anderen ein tödliches Ende bereiten wollten, wird nun zum Anfang einer neuen, vielleicht noch zaghaften Lebenshoffnung. Mit der Umgestaltung von Geschossen zu Kreuzen den Tod zu durchkreuzen, das ist eine lebensdienliche Variante des alttestamentlichen »Umschmiedens von Schwertern zu Pflugscharen«.

Wie auch sonst im Leben ist kein Kreuz wie das andere, jedes ist ein Unikat. In der Patrone ist Unheil – im Kreuz ist Heil. In der Patrone ist der Tod – im Kreuz ist Leben. In der Patrone ist tödliche Verzweiflung – im Kreuz ist lebendige Hoffnung.

»Im Kreuz ist Heil, im Kreuz ist Leben, im Kreuz ist Hoffnung.« So singen die Katholiken in der Passionszeit und in der Karwoche. Das kann nur singen, wer auch weiß und glaubt, dass der Gekreuzigte der Auferstandene ist. In weniger drastischer Weise als die Kindersoldaten Liberias sind auch wir alle Täter und Opfer im alltäglichen Drama der Unmenschlichkeit. Die alltäglichen Waffen zu zerstören, wäre ein lebendiger Ausdruck unserer Christen-Menschlichkeit.

Der Gekreuzigte ist der, der mit ausgebreiteten Armen die Abseitigen, die Rechten wie die Linken, zur gemeinsamen Mitte an seinem Herzen verbindet. Der Gekreuzigte ist der, der die ganz unten mit dem ganz oben, der Mensch und Gott durch den Tod und über den Tod hinaus verbindet.

Erst der lässt die tödliche Sklaverei hinter sich, erst der ist wirklich im Land der Freiheit, im Liberia Gottes angekommen, der im Kreuz die entwaffnende Umwidmung des mörderischen Todeswerkzeugs zum lebensspendenden Heilszeichen realisiert. Wer schon im Untergehen der Sonne am Karfreitag etwas von ihrem Aufgehen am Ostersonntag erahnt, der kann sagen: *»Im Kreuz ist Heil, im Kreuz ist Leben, im Kreuz ist Hoffnung.«*

Ostern

Aufhebung des Irdischen

Auferstehung, neues Leben – kann man das glauben? Soll man das glauben? Sollte man sich nicht besser und sicherheitshalber dieses Leben möglichst himmlisch einrichten? *»Der philosophische Ballon steigt nicht über die irdische Lufthülle empor«,* meinte Wilhelm Busch. Wenn das so ist, was philosophieren wir dann über Auferstehung und überirdisches Leben? Wenn der philosophische Ballon nicht über die irdische Lufthülle hinauskommt, dann könnte das auch ein Problem des Ballons sein und nicht der Beleg dafür, dass jenseits der Lufthülle des Irdischen nichts mehr ist.

Laut Bericht der Bibel wollten einige Frauen am ersten Tag der Woche, unserem Ostermorgen, den toten Christus einbalsamieren. Doch der Stein, der das Grab verschloss, war schon weggewälzt. Und dahinter lag niemand mehr. Der Auferstandene lässt sich nicht einbalsamieren, allenfalls seine irdisch-materielle Hinterlassenschaft, sein Körper. Zwei Männer stellten den entsetzten Frauen daraufhin die entscheidende Frage: *»Was sucht ihr den Lebenden bei den Toten? Er ist nicht hier, sondern er ist auferstanden«* (Lk 24,5f.).

Sollen wir also die Gräber links liegen lassen, für belanglos erklären? Ganz sicher nicht; denn erst das Grab stößt uns drastisch auf das tödliche Ende unseres Lebens. Aber ist das tödliche Ende unseres Lebens nicht auch das Ende der Endlichkeit? Ist der Tod nicht die Aufhebung der Endlichkeit, die Verunendlichung des Endlichen, wie der Philosoph Hegel meinte?

So sucht, wer am Grab sucht, irgendwie doch an der richtigen Stelle; denn er sucht an der Grenze des Menschen nach dem Entgrenzenden, nach dem, was die scheinbar absolute Grenze des Todes sprengt.

Als eben erst das Licht des Ichbewusstseins aufgegangen war, also ca. 200.000 Jahre bevor irgendwelche Hochkulturen auftauchten, zeigten der *Homo erectus* und der *Homo sapiens neanderthalensis* ein bemerkenswertes Verhalten: Sie beerdigten ihre Toten. Schon die frühesten Gräber der Menschheitsgeschichte zeigen die Spuren von einem Glauben an ein Leben über den Tod hinaus. Da wird schwefelhaltige Erde zu Rotocker gebrannt, gemörsert und als rotes Pulver über die Toten gegossen wie ein Blutersatz, ein Lebenselixier. Da werden Tote nicht einfach entsorgt, sondern über und über mit Blumen überhäuft, wie die Pollenanalyse zeigte. Da werden Tote geschmückt mit Muschelschalen wie zu einem Fest und mit Nahrungsmitteln, Werkzeugen und Waffen ausgestattet. Da ist die ahnungsvolle Hoffnung darauf, dass es mit dem Leben weitergeht.

Das leere Grab ist in der Tat kein Beweis dafür, dass der, der darin gelegen hat, auferstanden ist. Er könnte auch gestohlen worden sein. Aber umgekehrt ist auch das mit einem Leichnam gefüllte Grab kein Beweis dafür, dass jemand nicht auferstanden ist. Sonst wären die Gräber unserer Heiligen, Reliquiare und Sarkophage, soweit sie Gebeine enthalten, allesamt Belege dafür, dass es keine Auferstehung gibt. Der Himmel ist offenbar kein Beinhaus, kein Mortuarium oder Ossarium.

Christen glauben nicht an eine Auferstehung zurück in dieses endliche, leidvolle, befristete und widerrufbare Leben. Auferstehung ist nicht Reanimation. Sie glauben an eine Auferstehung in ein unendliches, leidloses, unbefristetes und unwiderrufliches Leben, an ein Leben in Vollendung. Weder das Fehlen noch das Vorhandensein der Gebeine taugen zum Beweis oder zum Verweis unserer Hoffnung auf Auferstehung.

»*Was sucht ihr den Lebenden bei den Toten?*« Wo also sollen wir den Lebenden suchen? Eben da, wo die Lebenden sind. Wir sollen ihn und seine Lebenszeichen bei uns, unter uns, zwischen uns und in uns suchen, denn, so Angelus Silesius (1624–1677):

Nicht du bist, der da lebt; denn das Geschöpf ist tot.
Das Leben, das in dir dich leben macht, ist Gott.
Angelus Silesius

Der Gekreuzigte und zum Leben Erstandene wird in der Bibel erkennbar an zwei Dingen: Erstens an seinen Wunden. Auferstehung lässt die Wunden nicht einfach verschwinden. Die Leidensgeschichte bleibt eingeschrieben in die Heilsgeschichte. Auch unsere Leidensgeschichte ist integraler Bestandteil der Heilsgeschichte. Das Leiden wird nicht mit Halleluja übertönt und übertüncht, nicht hinwegtriumphalisiert, sondern transformiert. Das ist die Nagelprobe auf unseren Osterglauben, dass und wie wir die Leiden der anderen mittragen und die eigenen Leiden ertragen. All unser Leben und Leiden wird transformiert.

Friedrich von Spee (1591–1635), der das Leiden des Dreißigjährigen Krieges in entsetzlicher Weise auch am eigenen Leib erleben musste und der in finsterer Zeit zum Anwalt der Hexen wurde, hat wie kaum einer sonst das Licht der Auferstehung besungen und zugleich Karfreitagswunden nicht unterschlagen. Das meint das Bild von den verklärten Wunden:

Der Leib ist klar, klar wie Kristall,
Rubinen gleich die Wunden all.
Die Seel durchstrahlt ihn licht und rein,
wie tausendfacher Sonnenschein.
Friedrich von Spee

Zweitens ist der Auferstandene am Brotbrechen erkennbar. Er ist selbst Brot für die Welt, die leibhaftige Zuteilung und Mitteilung Gottes an die Welt. Und auch das ist eine Nagelprobe auf unseren Osterglauben, dass und wie wir miteinander das tägliche und das eucharistische Brot teilen. Manche Menschen können von diesem Leben nicht genug kriegen. Denn, wenn es nach diesem Leben nichts gibt, dann muss dieses Leben auf Teufel komm raus alles sein oder werden. Angesichts dieses Leistungsdrucks einer puren Diesseitigkeit, da gnade uns Gott! Christen hingegen glauben und sagen seit Ostern: Wir kriegen genug vom Leben. Denn wir glauben an eine unauslotbare, eine unausschöpfbare Fülle von Leben, reich für alle, reich an allem, reich zum Teilen und zum Mitteilen.

Das Leben, das in der Auferstehung auf uns kommt, hebt unsere Geschichte auf, im dreifachen Sinne: Es beendet unsere irdische Geschichte, es bewahrt sie, es hebt sie empor und transformiert sie. Das Leben, das kommt, ist das Leben, das uns zukommt und in dem Gott bei uns ankommt.

Leben (un)möglich?

Die Bedingungen, unter denen menschliches Leben möglich ist, kennen wir einigermaßen: Wir hängen am Tropf der Sonne und brauchen Energie, die wir durch pflanzliche und tierische Nahrung zu uns nehmen. Wir brauchen eine wohldosierte Menge an Wasser und Mineralstoffen. Wir brauchen Wärmestrahlung in einem eng begrenzten thermischen Spektrum; ist sie zu niedrig, erfrieren wir, ist sie zu hoch, denaturieren unsere Körperproteine. Wir brauchen ein ziemlich präzises Mengenverhältnis von Kohlendioxid und Sauerstoff in der Luft zur Atmung. Wir haben einen hochspezifischen Stoffwechsel, um leben und überleben zu können. Kurzum: Menschliches Leben ist an ein außerordentlich diffiziles Bedingungsgefüge geknüpft und höchst prekär. Nach menschlichem Ermessen ist jenseits dieser Bedingungen Leben nicht mehr möglich. Wer den letzten, finsteren Weg des Sterbens geht, der ist endgültig und todsicher am Ende. Es ist jedenfalls noch keiner wiedergekommen. Niederschmetternde Argumente der Hoffnungslosigkeit gegen ein Leben nach dem Tod? – Und dennoch und deshalb feiern wir Ostern!

Ich will Ihnen zur Qualität dieser Argumente der Hoffnungslosigkeit eine Geschichte erzählen:

Im Uterus einer schwangeren Frau wuchsen Drillinge heran. Zuerst wussten sie nichts voneinander, ja sie wussten nicht einmal, dass sie nichts wussten. Doch ihre kleinen Herzen schlugen schon um die Wette, und sie wuchsen prächtig. Und dann bildeten sich bei jedem Fötus ein Neuralrohr, die Arm- und Beinknospen, der Blutkreislauf wurde immer vollständiger und das Nervengeflecht verdichtete sich. Es bildete sich ein ganz komplexes Gehirn, einschließlich Großhirn aus, das sie befähigte, Empfindungen, Bewegungen und Erfahrungen zu speichern und zu steuern. Sie lernten die eigenen schnellen Herztöne von den anderen langsamen der Mutter zu unterscheiden. Und immer öfter fühlten sie einander beim Strampeln und beim Purzelbaumschlagen. Es war wunderbar warm, Nährstoffe kamen im Herztakt der Mutter zur Plazenta und wurden im eigenen Herztakt durch den kleinen Körper weitergepumpt. Sie lernten das Hören von Innen- und Außengeräuschen und als echte Säugetiere das Daumenlutschen. Sie hatten Träume und in der wohligen Dämmerung sogar manchmal schwache Lichterscheinungen. Die drei wuchsen unaufhörlich. Irgendwann aber wurde es eng im Uterus.

Da dachten die Drillinge über ihre Zukunft nach. So kann es hier nicht weitergehen, wir sind zu viele, sagte der eine. Hier können wir nur bleiben, wenn wir nicht weiterwachsen, meinte der andere. Es gibt nur einen Ausgang. Aber wer seinen Kopf durch diesen engen Muttermund zwängen muss, stirbt an einem schweren Schädeltrauma, sagte der Erste. Wir sind nur an Temperaturen von 36 bis 39 Grad angepasst, sagte der Zweite, und jenseits dessen ist nach allem, was wir wissen, für uns kein Leben möglich. Wir können nur überleben im richtig konzentrierten und temperierten Fruchtwasser. Wir sind nur auf optische Reize im Rotlichtbereich eingestellt, sagte der Erste, gelbes, grünes, gar blaues oder ultraviolettes Licht kann ein Embryo nicht vertragen, das zerstört die Augen. Wir können nur den ans Hämoglobin des Blutes gebundenen Sauerstoff verwerten, meinte der Zweite, nie haben Embryonen freien Luftsauerstoff aufnehmen und verwerten können. Die entscheidende Bedingung für ein Leben als Embryo ist die Nabelschnur, ergänzte der Erste. Wenn die reißt, dann gibt es definitiv keine Energiezufuhr und keine Rettung mehr. Und nach diesen außerordentlich bedenklichen und sehr berechtigten Erwägungen sagten beide, wie aus einem Munde: Es ist noch keiner wiedergekommen.

Weil der Dritte nie etwas sagte zu den Befürchtungen seiner beiden Geschwister, wurden sie ärgerlich. Du hast in deinem Embryonenleben aber auch wirklich gar nichts gelernt. In deinem Alter darf man nicht mehr so ohne Problembewusstsein leben, wie du es tust. Du bist unverantwortlich gedankenlos, bedenke doch, was auf uns zukommt! Aber der Dritte meinte nur: Schauen wir mal!

Da schüttelten schwere Wehen die Mutter, sodass sie schrie. Und mit den Presswehen kontrahierte die Muskulatur des Uterus. Die Fruchtblase platzte und das Fruchtwasser wurde herausgespült. Die lang erwartete Katastrophe nahm ihren Lauf. Und dann, mit einer weiteren Wehe, erfasste es zuerst den Dritten. Er wurde kopfüber in den engen dunklen Gang gepresst und mit immer neuen Wehen verschwand er. Kurz darauf hörten die beiden verbliebenen Drillinge ein markerschütterndes Geschrei von draußen. Es musste wohl etwas unvorstellbar Entsetzliches geschehen sein. Und sie wussten: Es ist noch keiner wiedergekommen.

Sie und ich, wir sind wie die Embryonen und Föten im Diesseits der Fruchtblase. Angst haben wir um dies eine, kleine, beengende und beengte Leben. Es wurde uns ohne unser Zutun geschenkt. Warum sollte sich der, der so freigebig und unverdient Leben und Liebe schenkt, plötzlich als kleinkarierter Abkassierer entpuppen? Die Zeit des Geborenwerdens ist die Zeit des Sterbens, las ich vor Jahren auf einer alten Uhr. Aber die Zeit des Sterbens ist eben auch die Zeit des Geborenwerdens, sollte man ergänzen. Das Endliche wird uns genommen, damit wir des Unendlichen ansichtig werden können. Einer ist uns vorausgegangen durch die Geburtswehen des Todes hindurch in eine neue Dimension von Leben. Ganz anders wird es sein als dieses, in ungeahnter Weite, mit nie erfahrenen Dimensionen. Der Osterglaube sagt uns: Das, was wir in der Fruchtblase dieser Welt nur als den Todesschrei des Gekreuzigten identifizieren, das ist der Geburtsschrei, mit dem wir entbunden werden in eine neue, unermessliche Dimension von Leben. Der Tod ist das Tor zum (wirklichen) Leben.

Todsicher

Als Biologiestudent in den letzten Semestern nahm ich kurz vor Ostern 1978 an einer biologischen Exkursion nach Marokko teil. Ich hatte Amphibien und Reptilien zu fangen. Das geht am frühen Morgen und bei Anbruch des Abends am besten, da haben die wechselwarmen Tiere noch nicht oder nicht mehr die richtige Betriebstemperatur. So kletterte ich fernab spätnachmittags in Felsen an der Atlantikküste umher und stieß dabei hoch über dem Wasser auf eine kleine Höhle. Ich setzte mich in den offenen Eingang und schaute fasziniert auf den Sonnenuntergang über dem Meer. Als ich dann die Höhle näher in Augenschein nahm, erwies sie sich als Grabstätte. Wie zum Schlafen hingebettet lagen die Schädel und Knochen von Menschen so, wie wenn sie hinausschauen wollten auf die unendliche Weite des Meeres, dem Untergang der Sonne, dem Ende der Zeit und der Welt entgegen. Dieses offene Grab mit dem Blick in die Weite wurde mir zum vorösterlichen Symbol: Die Gräber sind wie das Grab am Ostermorgen nicht endgültig verriegelt und verrammelt, sie sind offen auf eine unfassliche Zukunft hin, die wir Gott nennen.

Aber wie sicher ist das? So sicher wie das Amen in der Kirche, sagen wir, wenn wir eine besonders hohe Sicherheitsstufe reklamieren wollen. Ist Auferstehung so sicher wie das Amen in der Kirche? Oder gibt es noch eine höhere Sicherheitsstufe, nämlich die, die wir todsicher nennen? Ist die Auferstehung todsicher, oder ist nur der Tod todsicher? Wenn jemand sagt, mit dem Tod sei alles aus, dann ist auch das nicht todsicher, sondern nur so sicher wie die Philosophie, der er dabei folgt, zum Beispiel so sicher wie das Proletariat im Kapital von Marx.

Manche Menschen wenden sich von den Verheißungen des Glaubens ab und den Verheißungen der Wissenschaft zu. Aber die verheißen auch nur Endlichkeit. Nur der Glaube verheißt Unendlichkeit. Ist es vielleicht nicht besser, den kleinen Verheißungen der Wissenschaft auf etwas mehr Endlichkeit zu glauben als den großen Verheißungen des Glaubens an Unendlichkeit? Etwas mehr Endlichkeit, das entspricht eher einer Lebens-Dehnsucht als unserer Lebens-Sehnsucht. Ist das, was die Medizin uns mit großem Forschungsaufwand und mit technischer Raffinesse an Lebens-Zugewinn beschert, wirklich das, was wir erhoffen?

Ich bin kein Zyniker und kann Menschen auch nicht vor der Zeit oder im Elend sterben sehen. Ich bin dankbar für alle Heilung. Mich und viele von uns gäbe es ja längst nicht mehr, wenn es die Medizin nicht gäbe. Aber ich bin auch kein Zyniker, der auf Teufel komm raus künstliche Lebensverlängerungsrekorde erzielen möchte. Manchmal sind Lebens- eigentlich nur Sterbensverlängerungsrekorde, manchmal sogar gegen den nicht mehr erklärbaren Willen und ohne das Bewusstsein des Rekordhalters aufgestellt.

Halten wir einmal fest: Wir sind ganz und gar endlich und sehnen uns doch nach unendlich. Wie kommt das Unendliche in unser endliches Dasein? Ein befreundeter Palliativmediziner an der Uni Aachen erzählte mir diesen Fall: Eine unheilbar kranke Frau in der letzten Lebensphase wird in die Palliativstation des Klinikums eingeliefert. Mit einem speziellen Schmerzmittel-Cocktail kann man sie bei klarem Bewusstsein schmerzfrei stellen. Aber sie möchte, dass man ihr eine tödliche Spritze verabreicht, um das Ende abzukürzen, weil das Leben keinen Sinn mehr habe. Tötung auf Verlangen widerspricht in Deutschland nicht nur der Rechtslage, sondern auch dem moralischen Selbstverständnis der Palliativmediziner. Sie lehnen das Ansinnen also ab. Was man einem Menschen für die letzten Tage anbieten kann und darf, ist eine terminale Sedierung, d.h. das Versetzen in einen Tiefschlaf, der nicht den Tod herbeiführt, in dem er aber sanft und schmerzfrei hinübergleitet. Man folgt dabei dem Grundsatz, den Patienten nach drei Tagen, immer unter Sicherstellung der Schmerzfreiheit, wieder zu wecken, um sich von ihm den Entschluss nochmals endgültig bestätigen zu lassen. Die genannte Frau wird also nach drei Tagen wieder geweckt. Da entscheidet sie, wach bleiben zu wollen, bis in den Tod hinein, weil sie plötzlich in der verkürzten Zeit noch einen Sinn und eine Aufgabe für sich und andere sieht. Sie macht also aus der zu vermeidenden Zeit eine zu gestaltende Zeit. Ihr leuchtet offenbar in der befristeten Zeit etwas ein oder auf, was Sinn stiftet bis in den Tod hinein, vielleicht über den Tod hinaus.

Wir haben die Vorstellung von einem Sinn, der unser ganzes Leben umgreifen und übergreifen kann, von einer Hoffnung, die unser ganzes Leben durchdringen und transformieren kann. Indem wir uns an den Grenzen des Endlichen stoßen, stoßen wir auf die Grenzenlosigkeit des Unendlichen. Und dann wird dieses befristete endliche Dasein plötzlich zum Hinweis und Verweis auf das unendliche unbefristete Dasein. Ein Gedicht der Schweizer Ordensfrau Sr. Clarita Schmid (1906–1990) sagt das so:

Wenn schon

Wenn schon
im Kern des Apfels
der künftige Baum
unser harrt,

im Ei der Meise
das lenzliche Lied,
die schweren Schollen des Ackers
Tracht und Fracht
duftenden Brotes künden
und der Wellengang
des Stromes vor den Gärten
die Herrlichkeit wogender Meere:
Soll nicht
das schmale Jetzt
unserer leidvollen Tage
Saat in sich hüten
nicht mehr umgrenzten
dauernden Daseins?
Clarita Schmid

Im Jetzt die Saat des Immer. Im Hier die Saat des Alls. Im Endlichen die Saat des Ewigen.

Vielleicht müssen wir nur das Wort todsicher neu verstehen. Jesus Christus ist gestorben – todsicher. Und auch wir werden sterben – todsicher. Der Glaube an die Auferstehung ist nur so sicher wie das Amen in der Kirche. Aber er sagt, dass die Gräber nicht nur vor dem Tod, sondern auch nach dem Tod dem Leben offen stehen. Denn da ist einer, der sie ein für alle Mal geöffnet hat, der als Erster vom Tod zum Leben ging. Die historisch bezeugte Auferstehung Jesu Christi ist der alles tragende Schlussstein im Gewölbe unserer menschlichen Hoffnung auf Auferstehung und Leben. Unser Glaube sagt: Wir werden todsicher leben, d.h. ein für alle Mal unerreichbar vom Tod sicher leben. Das Sterben aus dem Endlichen ist Entbindung, Geburt in das Unendliche, in Gott hinein.

Weltgebetstag für geistliche Berufe (4. Sonntag der Osterzeit)

Seht da, die Hirten ...

Der vierte Sonntag der Osterzeit, also der dritte Sonntag nach Ostern, ist katholischerseits der Sonntag vom Guten Hirten oder auch der Weltgebetstag für geistliche Berufe. Der Begriff »Geistlicher« ist ein schillernder Begriff. Die meisten Menschen denken dabei zuerst an den Pastor. Und dann stellen sie fest: Es gibt geistvolle Geistliche, vergeistigte Geistliche, durchgeistigte Geistliche, geistlose Geistliche, geistesabwesende Geistliche, weltliche Geistliche, verweltlichte Geistliche, ordentliche Welt- und weltliche Ordensgeistliche etc. Und leider ist nicht jeder Pastor ein Geistlicher.

Der Begriff Pastor heißt eigentlich nichts weiter als Hirte. Und damit beginnt das Problem. Im Umkehrschluss werden dann nämlich die Gläubigen zu Schäfchen, die Gemeinde zu einer Herde. Manchen gelten die Gemeindemitglieder dann als dumme Schafsköpfe und störrische Böcke. Sie folgen dem Herdentrieb, brauchen einen Leithammel, sind selbst wehrlos, manchmal bockig oder zickig oder meckernd oder blökend oder bockbeinig oder belämmert. Aber manchmal ist auch der Hirte, sprich der Pastor, belämmert oder bockbeinig und die Schafe, sprich die Laien, sind führend, leitend und sorgend tätig. Genau diese allegorische Gegenüberstellung überdehnt das Bildwort Jesu bis zur Unsinnigkeit.

Die frühe Kirche der Antike nannte die Geistlichen ihrer Gemeinden im heidenchristlichen Bereich *Episkopos*, d.h. Aufseher. Daher kommt das Wort Bischof. Im judenchristlichen Bereich sprach man eher von *Presbyteros*, d.h. so viel wie der Älteste. Von Presbyteros kommt das Wort Priester. Und angesichts der Tatsache, dass heute das Durchschnittsalter der Priester in vielen Bistümern Deutschlands weit über fünfzig Jahre liegt, kann man sagen: Die Priester sind geradezu im wörtlichen Sinne die Ältesten, die Pastoren sehen alt aus. Aber wo steht verbindlich geschrieben, dass die priesterlichen Hirten alt sein müssen?

Die frühe Kirche nannte Jesus Christus den guten Hirten. Und in den römischen Katakomben stellten sie ihn künstlerisch zuerst als jungen Mann dar, der das verlorene Schaf auf seinen Schultern trägt und es – umlauert von Wölfen und unter eigener Lebensgefahr – zur Herde in die sichere Hürde zurückträgt.

Fern aller Romantik war das Leben der Hirten zur Zeit Jesu: hart, entbehrungsreich und gefahrvoll. Und gerade diesen Beruf, der auch damals nicht viel galt, wählt Jesus aus, um für sich eine Arbeitsplatzbeschreibung zu formulieren: *»Ich bin der gute Hirt, der sein Leben für die Schafe einsetzt, ja hingibt«* (Joh 10,11). Dieser Hirt nimmt nicht Reißaus, wenn Raubtiere seine Herde bedrohen. Er verschläft seinen Einsatz nicht mit Schäferstündchen, wenn die Lämmer geboren werden oder Tiere krank sind. Er geht voraus und sucht Wege und Weidegründe, wenn es der Herde an Nahrung und Wasser mangelt. Er plündert die Herde nicht aus, schlachtet sie nicht hin und zieht ihr nicht wahllos das Fell über die Ohren, um selbst zu prassen.

Wer sich fortan im Auftrag Jesu Pastor, also Hirt, nennen lässt, muss sich messen lassen am guten Hirten Jesus Christus. Dass manche Bischöfe Oberhirt genannt werden oder gar genannt werden wollen, so im Katechismus von 1955, ist ein Hintertreppenwitz der Geschichte. Denn die lächerliche Anmaßung dieses Titels legt die Vorstellung nahe, die Bischöfe hätten eine Art Weisungs- und Aufsichtsbefugnis gegenüber jenem Hirten Jesus. Maßgeblich für alle Priester und Bischöfe ist und bleibt aber doch der gute Hirt Jesus Christus. Und es ist Jesu Geist bzw. Gottes Geist, der den Pastor oder Bischof zu einem Geistlichen macht.

Wenn man nach der Arbeitsplatzbeschreibung für die Nachfolger Jesu fragt, dann verweist dieser uns mitten im Johannesevangelium auf die Hirten. Wenn man nach dem konkreten Arbeitsauftrag dieser Hirten fragt, dann sagt uns der gute Hirte dies: *»Ich bin gekommen, damit sie das Leben haben und es in Fülle haben«* (Joh 10,10). Das ist der Geist, in dem der geistliche Hirte wirken soll: der Entfaltung des Lebens in seiner ganzen Fülle dienen und zum endgültigen Leben in Fülle führen.

So wird das frühchristliche Bild vom guten Hirten Jesus Christus, der das erschöpfte, verirrte, von Wölfen umlauerte Schaf auf seinen Schultern trägt, auch zu einem Osterbild. Der gute Hirte trägt uns aus diesem vom Tode bedrängten Leben auf seinen Schultern in die sichere Hürde des vollendeten Lebens, in die die reißenden Wölfe des Todes nicht mehr eindringen können.

Jesu Wort: »Ich bin gekommen, damit sie das Leben haben und es in Fülle haben«, sollte sich jeder Geistliche und Pastor bei jedem Dienstantritt neu sagen und gesagt sein lassen. Leider ist trotz aller Gescheitheit nicht jeder Pastor oder Bischof ein wirklich geistlicher Mensch, obwohl sie es sein sollten. Und leider sind viel zu viele geistliche Menschen nicht Pastor oder Bischof, obschon wir sie in dieser Funktion dringend brauchten.

Dass ich mir im Gegensatz zu manchen Oberhirten unter den Geistlichen im Hirtenamt auch Hirtinnen als Geistliche vorstellen kann, widerspricht nach Auskunft der römischen Bibelkommission von 1976 nicht den Intentionen Jesu. Ich hoffe, dass auch für die Verantwortlichen in dieser Kirche das Geistliche im Weiblichen so unabweisbar wird, dass sie die Weiblichen unter den Geistlichen nicht mehr abweisen, sondern demnächst als gute Hirtinnen nach dem Vorbild Jesu zum Dienst zulassen.

Jungen Leuten möchte ich nach fast dreißig Priesterjahren sagen: Dieser Beruf des Pastors ist ein derart vielseitiger, spannender, erfüllender, menschlicher Beruf, wie es nicht viele sonst gibt. Es werden darin ein menschliches Herz, ein geistvolles Hirn und eine hilfreiche Hand benötigt. Gebt der Menschlichkeit in eurem Herzen einen neuen Impuls, setzt das Hirn mit Gottes Geist neu in Gang und legt hilfreich Hand an als Hirten nach dem Beispiel und im Dienst Jesu, »*damit sie das Leben haben und es in Fülle haben*«.

Christi Himmelfahrt

(40 Tage nach Ostern)

Utopie?

Wir feiern und genießen vierzig Tage nach Ostern und zehn Tage vor Pfingsten den freien Donnerstag, Christi Himmelfahrt. Aber beschleicht uns nicht mangels genauer Kenntnis dessen, was wir da feiern und genießen, die Sorge, es könnte jemand danach fragen?

Nur im Lukasevangelium und in der ebenfalls von Lukas stammenden Apostelgeschichte wird die Himmelfahrt Jesu berichtet, und erst im Jahr 380 begann die Kirche, das Fest Christi Himmelfahrt liturgisch zu feiern. Dieses Fest hat gewiss etwas mit dem alten Weltbild zu tun, aber sein Kern liegt jenseits dessen. Schon der Bischof und Kirchenlehrer Augustinus (354–430) wusste das: Gott hat sich nicht hinter Wolken versteckt, sondern in den Herzen seiner Freunde den Himmel eingerichtet.

Das alte orientalische Weltbild sah so aus: Die Erde war wie eine mit Bergen und Tälern strukturierte Fläche. Sie stand auf mächtigen Säulen im Urmeer. Über der flächigen Erde wölbte sich das Himmelsgewölbe. Es war die Aufhängevorrichtung für die Leuchtkörper Sonne, Mond und Sterne. Am Morgen brach die Sonne im Osten auf, erreichte im Süden den Zenit, ging im Westen unter und tauchte unter der Erde hinweg durchs Urmeer, um am nächsten Tag dieses Spiel wieder von Neuem zu beginnen. Über dem Gewölbe waren wiederum Wassermassen, die vom Himmelsgewölbe daran gehindert wurden, mit dann ja katastrophalen Folgen auf die Erde zu stürzen. Nur ab und zu wurden die Schleusen des Himmels geöffnet, um durch Regen Leben und Wachstum auf der Erde zu ermöglichen. Über dem Ganzen thronte dann, umgeben von Cherubim und Seraphim, der ewige Gott. Wer zu Gott wollte, musste dahin auffahren.

Dieses Weltbild ist unwiderruflich dahin. Aber muss einem dann nicht im wörtlichen Sinne himmelangst werden? Muss man nicht, um intellektuell redlich bleiben zu können, den Glauben ad acta legen? Ist nicht Christi Himmelfahrt ähnlich plausibel wie gegrillte Schneebälle? Sollte man sich, wenn einem himmelangst wird, nicht besser auf den Heidenspaß verlegen?

Ich glaube: Unser Jenseits ist nicht mit der Ablösung der alten Weltbilder weggespült. Und ein Jenseits, das sich im derzeit gültigen Weltbild verorten möchte, ist über kurz oder lang auch hinüber. Und darum muss uns nicht himmelangst werden; denn unser Jenseits ist jenseits der kurzlebigen Weltbilder.

Wenn bei Lukas davon die Rede ist, dass Christus durch eine Wolke den Blicken der Jünger entzogen wurde, ist auch das nicht der Versuch, Tatsachen zu vernebeln und uns ein Wolkenkuckucksheim vorzugaukeln, sondern eine bildhafte theologische Formulierung. Die Wolke als ein eindrucksvolles, den ersehnten Regen und Schatten spendendes Phänomen zwischen Himmel und Erde galt schon im Alten Testament als Ort der verborgenen Gegenwart Gottes. Und auf den Wolken des Himmels erwarteten die Alten auch die verheißene Wiederkehr des Herrn.

In einem später hinzugefügten Nachtragskapitel des Markusevangeliums steht eine kurze Erwähnung der Aufnahme Jesu in den Himmel und dabei der Hinweis, Christus habe sich zur Rechten Gottes gesetzt. Auch das hat niemand mit scharfem Fernglas beobachtet. Es ist nicht die Reportage eines historischen Ereignisses, das man mit Kameras hätte festhalten können, sondern die einprägsame Formulierung einer theologischen Aussage: Der historische Jesus ist der aus dem

Tod erstandene, der zu Gott heimgekehrte und von Gott erhöhte Herr, er ist der richtende und rettende Gott, dessen Wiederkehr wir erwarten.

Himmelfahrt ist also keine Kosmonautenreise ins All, und Himmel ist kein Ort irgendwo zwischen den Milchstraßen, kein Ort voller Milchstraßen.

Während wir im Deutschen nur ein Wort für Himmel haben, unterscheiden die Engländer zwischen »sky« und »heaven«. »Sky« ist der Ort der Flugzeuge und Raketen, »heaven« ist das Geborgensein bei und in Gott. Das Ziel der Himmelfahrt ist nicht »sky«, sondern »heaven«, nicht Abkehr von der Welt der Menschen, sondern Heimkehr zu Gott, dem Vater, nicht Verenden im All, sondern Vollenden in Gott.

Die lokal anmutenden Bezeichnungen oben und unten, Höhe und Tiefe etc. sind auch in unserem Sprachgebrauch längst zu Metaphern für unsere Befindlichkeit geworden. Wir sagen: Ich bin nicht ganz auf der Höhe. Ich bin unten durch. Ich bin obenauf. Ich stecke tief drin etc. All das meint keine räumliche Lagebeschreibung, sondern eine innere Zustandsbeschreibung, und wir verstehen es unmittelbar. Himmelfahrt Jesu meint seine Erhöhung zu Gott hin. Himmelfahrt Jesu ist aber auch Verheißung für uns, sie meint auch unsere Vollendung in Gott.

Christi Himmelfahrt sagt: Himmel ist nicht mehr ein leerer abstrakter Raum, sondern liebende Beziehung, endgültige Beheimatung, vollkommene Geborgenheit.

Ist das nicht alles utopisch? Ja, das ist utopisch. Das Wort Utopie heißt nämlich »kein Ort«. Himmel ist kein Ort, den wir in Raum-Zeit-Koordinaten mit Längen- und Breitengraden verorten könnten. Himmel ist das Ende der Endlichkeit, ist endgültige, d.h. die ohne Ende gültige Beheimatung. Nicht das Verenden im Nichts, sondern das Vollenden in Gott, das ist unser Lebensziel.

Pfingsten
(50 Tage nach Ostern)

Feuer und Sturm

Pfingsten ist das Fest der Geistesgegenwart Gottes. Angeblich kann die Mehrheit der Bundesbürger nicht sagen, was die Christen an Pfingsten eigentlich feiern. Sicher liegt das einerseits daran, dass nicht alle Bundes- zugleich auch Bildungsbürger sind. Aber andererseits liegt das vielleicht auch an uns Christen selbst.

Und dabei redet die Bibel über den Hl. Geist in den kraftvollen Bildern von Feuer und Sturm – der Hl. Geist ist geradezu ein Feuersturm. Es lohnt sich, diese beiden pfingstlichen Bilder einmal genauer zu inspizieren.

Von Zungen wie von Feuer und begeisternder Predigt spricht die Hl. Schrift und nicht von einer lauwarmen, geist- und belanglosen, bagatellegeschwängerten Talkshow. Die Jünger Jesu werden geradezu angefeuert zur Verkündigung der Großtaten Gottes und nicht zur Selbstdarstellung, Selbstvermarktung und Selbstverklärung. Die verängstigten, eingeigelten und sprachlosen Jünger können plötzlich in aller Öffentlichkeit lartext reden, ihr Wort – oder besser sein Wort – machen. Mittelalterliche Bilder lassen auf jeden der Jünger ganz persönlich je eine Feuerzunge heruntertropfen. Jeder hat seine ganz spezielle Geistbegabung, erfährt seine ganz persönliche Anfeuerung durch den Hl. Geist, seine höchst individuelle Geistesgegenwart. Die kirchliche Liturgie unterstreicht das Bild von den Feuerzungen mit der liturgischen Farbe Rot. Rot ist auch die Farbe des Blutes und der Liebe. Die Liebe ist das antreibende und vorwärtstreibende Motiv zum beredten Lebenszeugnis, ja sogar bis hin zum Blutzeugnis für den Glauben. Der Hl. Geist treibt uns manchmal die Zornesröte oder die Schamesröte ins Gesicht beim Blick auf diese Welt und auf uns selbst. Auf jeden Fall macht der feurige Geist Schluss mit dem erkaltenden, blutleeren anämischen Christentum.

Und auch das zweite Bild, das vom Wind, ist ein kraftvolles Bild für den Geist Gottes. Der Wind ist selbst nicht sichtbar, wohl aber seine Wirkungen. Er schiebt riesige Wolkengebirge vor sich her, lässt Saharasand zwischen den Zähnen von uns Mitteleuropäern knirschen und türmt in Hurrikans gewaltige Wassersäulen auf. Gewiss kennt unsere Sprache auch die windigen Typen, die hohlen Windbeutel und die, die ihr Fähnchen nach dem Wind drehen oder viel Wind machen.

Kann man etwas Positives über den Wind schreiben? Er bestäubt, wenn auch zum Leidwesen mancher Allergiker, die Blüten der Nadelhölzer und Gräser. Ohne diese unentgeltliche Lieferung des Windes gäbe es keine Nadelhölzer, gäbe es kein Getreide und auch kein Brot. Der Wind ist so gesehen sogar eine Grundlage unserer Ernährung. Wir leben also in der Tat von Luft und Liebe.

Ich denke auch an Windkraftanlagen. Sie drehen sich nach dem Wind, aber nur, um ihm die größere Angriffsfläche zu bieten, um sich antreiben und die Windenergie in elektrische Energie umformen zu lassen. Schnell laufende Rotoren oder Flügel drehen sich um eine meist horizontal angebrachte Rotorwelle. Die Rotorblätter sind aerodynamisch gestaltet und der Blattanstellwinkel der Rotorblätter lässt sich in Abhängigkeit von der Windgeschwindigkeit verändern. So soll die Rotordrehzahl auf einen konstanten Wert gebracht werden. Über eine Welle und ein Getriebe wird die Drehung auf einen Generator übertragen, der dann den elektrischen Strom erzeugt. In Schleswig-Holstein werden schon ca. 30 Prozent der Energie aus dem Wind gewonnen.

Und dann fallen mir die Segelschiffe ein, die seit Jahrtausenden den Wind nutzen, um die Meere zu durchpflügen. So wie der Wind ist der Hl. Geist, der uns vorantreibt auch auf unbekannten und unerforschten Wegen. Selbst die, die an keinen Hl. Geist glauben, sind wie die Seeleute, die gegen den Wind kreuzen; sie können nur kraft des Windes gegen den Wind kreuzen.

An Pfingsten gibt es Feuer und Sturm, nach Pfingsten die Versicherung gegen Feuer- und Sturmschäden? Wir sollten auf die Energien des Gottesgeistes täglich, jährlich, lebenslänglich setzen. Gewiss, manche Köpfe der Gottesdienstbesucher sind grau geworden, grau wie die Asche. Aber bei nicht wenigen ist unter der Asche Feuer. Und wann immer der Wind des Geistes hineinbläst, stieben die Feuerzungen, kann der Funke der Begeisterung überspringen. Dann müssen wir nur selbst Zunder geben, den Funken auf uns überspringen lassen, um einen Brandherd oder vielleicht gar einen Flächenbrand der Be-Geisterung zu legen.

Als die frühen Christen von den Stürmen der Verfolgung in alle vier Winde verweht wurden, da haben sie, wohin immer sie kamen, den Samen des Wortes Gottes ausgestreut, den Keim des Glaubens gesät, den Zündfunken der Hoffnung überspringen lassen. Das ist heute auch die Aufgabe der späten Christen in der globalisierten Diaspora, in dieser weltweiten Zerstreuung durch Medien, Märkte und Mächte.

Wann immer Sie Wind bekommen von Gott, dann entfalten Sie die Segel Ihrer Begabung und segeln Sie mit Gottes Rückenwind los. Wann immer Sie Wind bekommen von Gott, bringen Sie die Rotorblätter Ihrer Begabung in den rechten Anstellwinkel und tanken Sie von seiner unerschöpflichen Energie. Wann immer Sie Wind bekommen von Gott, befruchten Sie die geistlos-fruchtlosen Blütenstände mit dem Gottesgeist, damit nahrhafte Frucht wächst. Wann immer Sie Wind bekommen von Gott, lassen Sie ihn die Glut unter all der Asche Ihres Alltags neu entfachen, dass die Funken sprühen und zu einem wärmenden und einleuchtenden Freudenfeuer der Hoffnung werden – tagtäglich, ganzjährig, lebenslänglich.

Geistvolle Nothelfer

Das Pfingstfest ist kalendarisch ein etwas unsteter Wanderer. Aber in seinem »geistig-geistlichen Dunstkreis« steht Jahr für Jahr im Heiligenkalender: Vierzehn Nothelfer. Im ganz »offiziellen« römischen Kalender gibt es sie zwar nicht, aber im Bistum Bamberg etwa, wo der Kult um die Vierzehn Nothelfer mit der berühmten Wallfahrtskirche Vierzehnheiligen ganz besonders zu Hause ist, wird das Fest feierlich am Samstag der vierten Osterwoche begangen. Das sind 27 Tage nach Ostern, also ziemlich genau auf halbem Wege zwischen Ostern und Pfingsten.

Was hat es mit diesen Vierzehn Nothelfern auf sich? Gibt es nur vierzehn Arten von Not? Wer ist für die anderen Nöte zuständig?

Zu den Vierzehn Nothelfern werden Christen aus dem 2. bis 4. Jahrhundert gezählt. Die Namen in den Listen der Nothelfer sind nicht überall ganz einheitlich. Aber all diese Heiligen galten für die Menschen des Mittelalters ganz unverblümt und für heutige Menschen etwas verschämt als Spezialisten für die Hilfe in besonderen Nöten.

Einige kennen wir noch ganz gut, und wir rufen sie noch immer an: An den hl. *Blasius*, Märtyrer um 316 und zuständig bei Halsleiden, erinnert der Blasius-Segen (3. Februar). Der hl. *Georg*, er soll ein Märtyrer aus dem frühen 4. Jahrhundert sein, wird im Kampf mit dem Drachen dargestellt. (Manche Ehemänner sehen in ihm den Fürsprecher bei Streitigkeiten mit der Ehefrau. Aber Vorsicht, nicht alle Drachen sind weiblich, gelegentlich können sie auch männlich sein.) Angerufen wurde und wird Georg bei Krankheiten der Haustiere, denn deren Gesundheit war in ländlichen Gegenden überlebenswichtig für die Menschen. Der hl. *Christophorus*, ein besonders volkstümlicher Nothelfer, soll Schutz bieten vor einem unvorbereiteten Tod. Bis heute finden wir ihn in Autos als Schutzpatron gegen die Gefahren für Leib und Leben im Straßenverkehr. Der hl. *Vitus* oder *Veit*, der um 305 als Märtyrer durch Enthauptung den Tod fand, wird angerufen bei Geisteskrankheiten. Die schreckliche Erbkrankheit Chorea Huntington heißt im Volksmund noch immer Veitstanz. Der hl. *Dionysius*, ein römischer Missionar in Gallien, der im 3. Jahrhundert wirkte, wird bei Kopfschmerzen angerufen. (Vielleicht hat man ihm deshalb diese Zuständigkeit zugeordnet, weil der heidnisch-griechische Gott Dionysos für den Wein und die Gelage zuständig ist und also wohl auch ursächlich für Kopfschmerzen.) Der hl. *Erasmus*, der ein erstes Martyrium sogar überlebt haben soll, wird angerufen gegen Leibschmerzen.

Unter den Vierzehn Nothelfern sind drei Frauen. Die hl. *Barbara*, die wegen ihres christlichen Glaubens von ihrem heidnischen Vater grausam zu Tode gebracht worden sein soll, ist die bekannteste unter ihnen. Sie hilft gegen Blitzschlag und Feuergefahr und ist Patronin der Artilleristen, der Berg- und der Feuerwehrleute. Die hl. *Margareta* ist u.a. die Patronin der Gebärenden. Sie wird mit dem überwundenen Drachen, dem Symbol des Teufels, dargestellt. Die hl. *Katharina* von Alexandrien hat die umfassendste Zuständigkeit für diverse Berufsgruppen, von den Dienstmädchen bis zu den Philosophen, und für diverse Krankheiten, von Sprachstörungen bis zu Frauenleiden.

Auf der »Ersatzbank« der Vierzehn Nothelfer sitzen noch die Heiligen Nikolaus von Myra, Hubert von Lüttich, Rochus von Montpellier, Mauritius und einige andere, die gegebenenfalls je nach regionalen Vorlieben den ein oder anderen Heiligen ersetzen. Auch wenn vieles historisch kaum zu belegen ist, ist doch die Wirkungsgeschichte dieser heiligen Nothelfer und Nothelferinnen großartig. Einige Kirchen sind ihnen geweiht, die berühmteste unter ihnen ist die schon erwähnte, 1742 von Balthasar Neumann entworfene Basilika Vierzehnheiligen bei Staffelstein.

Was soll das Ganze?, mag der ein oder andere fragen. Das sind doch alles nur fromme Legenden! In den Nothelfergeschichten, die sich fast jeden Tag in den Zeitungen und Rundfunknachrichten finden, ist häufig von Geistesgegenwart die Rede. Damit ist nicht nur das reflexartig-richtige Tun, sondern auch das redlich-ruhige Denken gemeint, etwa das rettende Zupacken, das geduldige Zuhören, das besonnene Zu(recht)-weisen, das ermutigende Zureden, das großzügige Zuteilen. Geistesgegenwart wirkt auf Hirn, Herz und Hand. Sie ermöglicht den richtigen Zungenschlag und den aufrichtigen Handschlag.

Schlimm genug für die historische Wirklichkeit, wenn das Klärende, das Heilende, das Tröstende, das Aufrichtende alles nur Legende wäre. So ist es auch nicht. Manches, was in der Geschichte an Klärendem, Heilendem, Tröstendem, Aufrichtendem realiter geschehen ist, ist so herausragend, dass es legendär geworden ist.

Nothelfer haben sich auch nicht nur in den ersten, sondern in allen Jahrhunderten nach Christus engagieren und rekrutieren lassen. Weil und wo immer sie mit seiner Geistesgegenwart handeln, können sie die Zeit nach Christus in eine Zeit mit Christus wandeln. Da vergeistesgegenwärtigen sie Christus in ihrer gegenwärtigen Zeit.

Wie an der Ersatzbank der Vierzehn Nothelfer schon ersichtlich ist, sind die Nöte der Menschen nicht auf eine bestimmte Zahl eingrenzbar. Jede Zeit hat neben den alten Nöten um Leib und Leben, um Geist und Seele auch ihre eigenen, ganz neuen Nöte, in denen sie Hilfe braucht. Geistvolle Nothelfer und Nothelferinnen tun heute genauso not wie früher. Ihre Zahl ist nicht nur beliebig ergänzbar, sondern auch grenzenlos ergänzungsbedürftig. Der erste Nothelfer ist übrigens der Hl. Geist selbst; ihn nennt die Bibel Tröster und Beistand.

In keiner Zeit zuvor konnte man Nothelfer besser anrufen als in der heutigen, wo nahezu jeder ein Handy hat. Außerdem kann jeder von uns ein Spezialist sein oder werden gegen ganz konkrete Nöte in dieser Zeit, an diesem Ort, bei diesen Menschen. Nothelfer sind Heilige; aber sie sind es nicht dadurch geworden, dass sie erst nach ihrem Tod, also posthum, Hilfe leisten, sondern dadurch, dass sie schon vor ihrem Tod Hilfe geleistet haben. Verlegen wir unseren Hilfseinsatz bitte nicht auf die Zeit nach unserem Tod. Man wird auch nach dem Tod eher um Hilfe angefragt, wenn man sie schon vor dem Tod geübt hat; denn nur aus dem diesseitigen Nothelfer wird auch ein jenseitiger Nothelfer, und zwar durch die Gottes-Geistes-Gegenwart.

FESTE IM JAHRESKREIS

»Im Jahreskreis« – so nennt die Kirche jene Zeiten im Kirchenjahr, die nicht von Festzeiten geprägt sind, also die Zeit jenseits von Weihnachts- und Osterzeit.

Ist diese lange Weile oder gar Langeweile der ermüdenden Alltage zwischen den mehr als dreißig »Sonntagen im Jahreskreis« eine Einladung ins Christentum? Erstickt nicht das Aufatmen am Festtag unter der Kurzatmigkeit und Atemlosigkeit des Alltags? Andererseits, was taugt eine sonntägliche und feiertägliche Hoffnung, die alltäglich und werktäglich untergeht? Auch diese »unterprivilegierte« Zeit im Jahreskreis, auch dieser so durchschnittlich wirkende Streckenabschnitt hält Lernschritte bereit, auf die ein lebenspraktisch orientierter Grundkurs des Glaubens nicht verzichten kann.

Im antiken Griechenland unterschied man zwei Formen von Zeit: Die eine nannte man Chronos und meinte damit die quantitative Dimension von Zeit, die andere nannte man Kairos und meinte damit die qualitative Dimension von Zeit. Der Kairos, der rechte und glückliche Zeitpunkt, ist inmitten des Chronos verborgen, und man muss in der scheinbaren, oberflächlichen Gleichförmigkeit der quantitativen Zeitmaße die qualitative Tiefendimension des jeweiligen Augenblicks ausloten. So ist der Chronos die Einladung dazu, in ihm den Kairos zu finden und beim Schopfe zu fassen.

Auch im Kreisen der Jahre und Tage ist jedes Jahr als ein »Jahr des Herrn«, jeder Tag als ein »Tag des Herrn« erfahrbar oder kann jedes Jahr ein »Jahr des Herrn« und jeder Tag ein »Tag des Herrn« werden. Die Sonn- und Festtage und sogar die Werk- und Alltage im Jahreskreis sind Einladungen zum Tag des Herrn, der keinen Abend kennt. Wir sind Tag für Tag und Jahr für Jahr eingeladen zu der tröstlichen Erfahrung, dass die Endlichkeit unserer Zeit umfasst und durchdrungen ist von der Unendlichkeit und Ewigkeit Gottes.

Gebetswoche für die Einheit der Christen (Ende Januar)

Ökumenische Kalamitäten?

»Weltgebetswoche für die Einheit der Christen« steht da jahrein, jahraus für den Januar im Direktorium, den liturgischen Anweisungen für das Kirchenjahr. Ein Thema der letzten Jahre lautete: »Versöhnung und Einheit in Christus erfahren«.

Um Einheit im Glauben sollen wir eine von 52 Jahreswochen lang beten. Das Ziel wäre den Einsatz wert, hätte man nicht den Eindruck, das Thema laute eigentlich: »Versöhnung und Einheit trotz Christus verfahren«.

Da steigt die evangelische Kirche aus dem Projekt »Ökumenische Einheitsübersetzung der Hl. Schrift« aus und entledigt sich nach einem Vierteljahrhundert eines wichtigen Elements ökumenischer Gemeinsamkeit. Warum das, weil sich die Übersetzung zu weit von der Lutherübersetzung entfernt? Ja, sind wir Christen denn sprachliche Museumswärter? Ist Luther denn seit einem halben Jahrtausend das unüberbietbare Maß aller Dinge in Sachen Bibelübersetzung? Bei all seiner Sprachmacht, unsere Sprache entwickelt sich, auch von Luther weg. Was schließlich ist an der heutigen Lutherübersetzung noch von Luther? Oder steigt man aus, weil sich Rom für die katholische Seite eine Approbation der Übersetzung vorbehält und man sich nicht von Rom gängeln lassen will, was verständlich wäre? »Versöhnung und Einheit in Christus erfahren«? Statt einer weitherzigen Weltgebetsoktav finden wir eine kleingläubig-deutsch-ökumenische Provinzposse mit Angst ums evangelische Profil und Angst ums katholische Profil. Die Hl. Schrift ist die konfessionsübergreifende gemeinsame Basis und deren Übersetzung verdient eine gemeinsame Anstrengung. Natürlich kann man jede Übersetzung noch verbessern, aber das sollte man gemeinsam tun; denn man kann auch unter dem Vorwand, die Übersetzung zu verbessern, die Ökumene verschlechtern.

Der Vorsitzende der Evangelischen Kirche in Deutschland (EKD) nennt die verschärfte interkonfessionelle Gangart neuerdings »Ökumene der Profile«, doch mancher Christ hört daraus nur noch »Profile statt Ökumene« und nicht mehr »profilierte Ökumene«, von engagierter Ökumene ganz zu schweigen.

Peinlich war es, wie ein Gros der protestantischen Professorenkollegen vor einigen Jahren gegen die Unterzeichnung der Erklärung zur (kernevangelischen) Rechtfertigungslehre durch die katholische Kirche rebellierte. Gottlob kamen sie mit ihrer Intervention gegen die eigenen Bischöfe zu spät. Wer wollte da nicht und warum wollte er nicht, dass die Katholiken das unterschrieben, was die Protestanten seit Jahrhunderten forderten?

Peinlich war es, wie ein katholischer Theologieprofessor, der beim Ökumenischen Kirchentag in Berlin während einer durch und durch katholischen Messe auch die Protestanten zur heiligen Kommunion einlud, anschließend als Priester suspendiert und wie ihm mit über siebzig Jahren schließlich bischöflicherseits noch seine Lehr- und Prüfungserlaubnis entzogen wurde. Hier sind offenbar zwei katholische Gockel, einer auf dem professoralen Lehrstuhl und einer auf dem Bischofsstuhl, zum ökumenischen Hahnenkampf angetreten. Es ging nicht um die Rechtgläubigkeit, sondern um die Gläubigkeit, allein im Recht zu sein, es ging um Macht.

Da ist ein über Deutschland hinaus bekannter Professor an der Heidelberger evangelisch-theologischen Fakultät, ein zumindest formal vom Katholizismus zum Protestantismus konvertierter Bibelwissenschaftler, dem katholischerseits vor seiner Konversion übel mitgespielt worden war. Und der sagt anlässlich seiner Verabschiedung in den Ruhestand, er sei eigentlich nie aus der katholischen Kirche ausgetreten und auch als evangelischer Professor in seinem Herzen immer ein Katholik geblieben. Da plötzlich wird er von evangelischen Bischöfen und Professorenkollegen angeschossen, als katholischer Undercover-Agent denunziert. Man fühlt sich böswillig hintergangen, will ihm die jahrzehntelang an die evangelische Kirche abgeführte Kirchensteuer zurückzahlen, wie wenn es ein Judasgeld wäre, was man von ihm empfangen hat, und möchte gar Rom zur Vermittlung einschalten. Ich hingegen wünschte beiden Kirchen – Gewissenhaftigkeit und Aufrichtigkeit vorausgesetzt – noch viele solcher ökumenischen Grenzgänger, Im- und Export-Schmuggler eines verbindend Christlichen und mutige interkonfessionelle Brückenbauer; denn Katholische, die nicht evangelisch (d.h. evangeliengemäß), und Evangelische, die nicht katholisch (d.h. allumfassend) denken und handeln, sind halbe Christen.

Ist das Ökumene oder ein Skandal? – Der größte Skandal ist sicher, dass wir das Jesus-Wort nicht wahrnehmen und wahr machen: »Alle sollen eins sein« (Joh 17,21).

Die Schriftstellerin Ingeborg Bachmann (1926–1973) hat einmal gesagt: »*Die Uniform des Tages ist die Geduld. Die Auszeichnung der armselige Stern der Hoffnung über dem Herzen.*« Und während wir mehr als das kirchenrechtlich nur Korrekte in einem auf Christus schauenden vorauseilenden Gehorsam tun, kann uns die »Weltgebetsoktav für die Einheit der Christen« mit der Uniform des Tages neu einkleiden und mit dem Stern ökumenischer Hoffnung neu dekorieren.

Gottlob ist der Hl. Geist, fernab konfessioneller Kleinstaaterei, ökumenisch gesinnt! So war er es wohl, der den evangelischen Prior der ökumenischen Brüdergemeinschaft von Taizé, Roger Schutz (1915–2005), kurz vor seiner eigenen Ermordung noch am Beerdigungsgottesdienst für Papst Johannes Paul II. teilnehmen ließ. So war er es wohl, der ihn beim Kommunionempfang im Rollstuhl zum vormaligen Präfekten der Glaubenskongregation, Joseph Kardinal Ratzinger, fahren ließ. So war er es wohl, der dem nachmaligen Papst Benedikt XVI. eingab, dem Protestanten Schutz die katholische hl. Kommunion zu reichen. Und wahrscheinlich war es der Hl. Geist, der den Kameraleuten auftrug, dieses Bild auch in die entlegensten Winkel der einen Welt zu übertragen, damit man weiß, was möglich wäre, wenn die, die es möglich machen könnten, endlich einmal in der göttlichen Geistesgegenwart das ihnen Mögliche täten. Das Oberhaupt der katholischen Kirche nennt sich schließlich Pontifex maximus, größter Brückenbauer, und nicht Kleinste-Brötchen-Bäcker.

Lichtmess – Fest der Darstellung des Herrn (2. Februar)

Archaisch-katholisch?

Vierzig Tage nach Weihnachten, am 2. Februar, feiern die Katholiken ein merkwürdiges, ursprünglich jüdisches Fest. Nach den Reinigungsvorschriften des Alten Testamentes (Lev 12,1–8) galt die Frau nach der Geburt eines Kindes vierzig Tage lang als unrein. Mit der Darbringung des Reinigungsopfers schlossen die Juden diese Zeit ab. Das Lukasevangelium (Lk 2,22ff.) berichtet uns, dass auch Maria diesem Ritus folgte; daher hieß das Fest auch lange Mariä Reinigung.

Aber noch ein anderer merkwürdiger Ritus wird uns in diesem Kontext überliefert. Der erstgeborene Knabe galt als Eigentum des Herrn und musste im Tempel dargebracht werden. Mit einem Auslösungsopfer wurde das Kind – bei armen Leuten mit zwei jungen Tauben – von dieser Verpflichtung freigekauft. Für das Entsühnen von Wöchnerinnen und für den Loskauf von erstgeborenen Knaben gibt es keinen Bedarf mehr, und doch hat die Kirche, typisch katholisch, das Fest – mehrfach umgestaltet – beibehalten.

Christlicherseits ist das Fest mindestens bis ins 4. Jahrhundert zurückzuverfolgen und wurde damals in Jerusalem mit festlichen Prozessionen gefeiert. Heute heißt das Fest kirchenoffiziell »Darstellung des Herrn«. Aber »Lichtmess« heißt es im Kirchenvolksmund. Wir lassen in dieser »Lichtermesse« Kerzen segnen und nehmen sie mit nach Hause, just zu einem Zeitpunkt, wo die Tage doch schon wieder merklich länger werden, wo die anheimelnde Advents- und Weihnachtszeit gerade zu Ende gegangen ist. Warum tun wir das?

Im Gottesdienst selbst hören wir die Geschichte von der Darstellung Jesu im Tempel, vom so frommen wie greisen Simeon und der ebenfalls hochbetagten Prophetin Hanna. Die beiden preisen Jesus, einen ihnen wildfremden Säugling, als das von Gott verheißene Heil. Ist das eine Episode von den milderen Auswirkungen der Altersverwirrung? Warum lesen wir das? Und dann empfangen die Gottesdienstbesucher am Ende des Gottesdienstes je persönlich noch einen Segen, den Blasiussegen. Der wird so genannt nach einem Bischof namens Blasius aus Armenien, der im frühen 4. Jahrhundert einen grausigen Märtyrertod starb. Sein Gedenktag ist der 3. Februar. Vor seiner Hinrichtung soll er noch einem kleinen Jungen das Leben gerettet haben, der an einer Fischgräte zu ersticken drohte. Mit brennenden Kerzen und ausgebreiteter Rechten wird ein Segensgebet für die leibliche und seelische Gesundheit über einen jeden gesprochen, der das möchte. Warum lassen wir das mit uns machen? Uralte Riten, typisch katholisch und unaufgeklärt archaisch? Beginnen wir mit dem ersten Zeichen, den gesegneten Kerzen, die wir mitnehmen nach Hause. Auch wenn das Frühjahr mit dem unbändigen Aufbruch von Leben erahnbar wird, auch wenn wir warme, helle Sommersonnentage erwarten dürfen und einen vielleicht prachtvoll-farbigen Herbst, so wissen wir doch, dass dazwischen finstere Nächte und sogar mitten am hellen Tag düstere Lebensstunden eingestreut sein können und sein werden. Und wenn wir uns dann ein Licht anstecken, ein Licht aufgehen lassen können, in der Hoffnung auf den Gott, der auch die dunkelsten Stunden erleuchtet, das ist eine Erfahrung von Gnade.

Nehmen wir das zweite Zeichen, die beiden ohnmächtigen Greise, die ein Kind preisen als Retter der Welt. Es gibt Menschen, die achten auf alles und jedes und sehen doch das Wesentliche nicht. Hanna und Simeon sind Menschen, denen ein langes, auf Gott ausgerichtetes Leben die Augen für das Wesentliche geöffnet hat. Sie haben eine tiefe, lebenslange

Sehnsucht, die über alles kurzfristig zu Leistende, zu Erwerbende und zu Genießende hinaus als Ziel am Lebenshorizont Gott erhofft und erwartet.

Als ohnmächtige, alte Menschen sehen nur sie Gottes Allmacht in der Ohnmacht eines Kindes anbrechen. Gott ist im Kommen, im Menschen, in diesem Menschen.

Und so betet Simeon vertrauensvoll: »*Nun lässt du, Herr, deinen Knecht, wie du gesagt hast, in Frieden scheiden. Denn meine Augen haben das Heil gesehen, das du vor allen Völkern bereitet hast, ein Licht, das die Heiden erleuchtet, und Herrlichkeit für dein Volk Israel*« (Lk 2,29–32). Wer so betet, der kann die Vergangenheit loslassen, weil ihm die Zukunft Gottes offensteht.

Nehmen wir das dritte Zeichen. Der nahe Erstickungstod des kleinen Jungen, den Blasius heilt, wird zum Anlass für diese archaische Segenspraxis. Aus Kerzen wird ein Kreuz gebildet, das Zeichen für grausamste Folter und Tod. Aber diese brennenden Kerzen erinnern an die Oster- und an die Taufkerze. Kreuz und Kerze sagen mir: Es wird Licht sein auch noch, ja sogar gerade in der Finsternis des Todes. Selbst wenn es uns an den Kragen geht, wenn es uns den Hals zudrückt, die Luft abschnürt, wenn man uns aufs Kreuz legt, wenn es ans Letzte geht, Gottes Licht und Gottes Segen, und sei es vermittelt durch Menschen, sind und bleiben da. Jeden, auch den letzten Schritt tun wir im Licht Gottes und nicht ohne seinen Segen.

Bei dem Physiker und Philosophen Carl Friedrich von Weizsäcker (1912–2007) las ich: »*Die tiefste Erfahrung von sich selbst, zu der der Mensch in seiner Natur und in der Gesellschaft vordringt, lautet nicht Freiheit, sondern Ohnmacht. Die tiefste Erfahrung vom Gelingen menschlichen Lebens ist nicht eine Erfahrung von eigener Macht, sondern von Gnade. Die tiefste Erfahrung des Menschen ist nicht der Mensch, sondern Gott.*« Ich finde darin protestantisch präzis die ganze »katholische«, sinnenfällige »Lichtmess«: Die Ohnmacht begegnet uns in den beiden hellsichtigen Alten, die in der Ohnmacht des Kindes die Allmacht Gottes entdecken. Die Gnade begegnet uns im Licht des Glaubens, in Heilung und Heil, das Gott uns durch andere Menschen schenkt.

Und in allem ist die tiefste Erfahrung: die Begegnung mit Gott. Der Mensch, dem diese Begegnung widerfährt, wird das Zeitliche segnen können, weil er dem Ewigen begegnet ist.

Aus- und einleuchtend?

Wer kennt die Bilder nicht aus dem eigenen Familienalbum, die Oma, etwa anlässlich der Taufe, mit leuchtenden Augen den Enkel auf dem Arm, voller Freude darüber, dass das Leben weitergeht? Am dem Fest der Darstellung des Herrn lässt uns die Heilige Schrift sozusagen einen Blick ins Familienalbum Jesu werfen, Jesu erster Besuch im Tempel.

Nächst den Eltern sind es die Großeltern, die sich über die Geburt eines Kindes am meisten freuen und die noch einmal Lebensaufwind verspüren. Das Evangelium erzählt uns vom greisen Simeon, der bei der Darstellung Jesu im Tempel zugegen ist. Er ist gerecht und fromm und wartet in göttlicher Geistesgegenwart auf den Messias. Ein geradezu archetypisches Bild wird da enthüllt: das neugeborene Kind und der alte Mann. Beide stehen sie an einer Schwelle: Der eine betritt gerade die Welt, die der andere zu verlassen im Begriff ist. Beide sind hilfsbedürftig und machtlos, der eine, weil er noch ganz am Anfang steht, der andere, weil er ganz am Ende ist. Und so sind beide ganz aufmerksam in Erwartung dessen, was kommt. Was können wir, die wir irgendwo zwischen neugeborenem Kind und sterbensaltem Greis stehen, von den beiden lernen?

Alles am Kind wächst noch, die Augen vielleicht am wenigsten, sie haben schon fast die Größe der Augen von Erwachsenen. Vielleicht sollten wir daraus lernen, diese Welt lebenslänglich mit den Augen der Kinder zu sehen, fasziniert von der Schönheit unserer Umgebung, begeistert vom Geheimnis des Lebens, hingegeben an den Zauber des Hier und Jetzt. Dann werden wir, hellsichtig wie der alte Simeon, auch die heilvolle und lichtvolle Gegenwart Gottes in unserem Leben nicht übersehen.

Neugeborene Kinder krallen die Händchen zusammen, ergreifen die Finger der Erwachsenen so fest, dass man sie daran hochziehen kann. Verhaltensbiologen sagen, Neugeborene zeigen noch den Klammerreflex. Der war einmal wichtig, als die Mütter noch haariger waren und das Überleben des kleinen menschlichen Traglings, wie sie das Kind nennen, auch davon abhing, dass er sich im Fell seiner Mutter festkrallen konnte. Mit den angewinkelten Beinen konnten die Kleinen dann auch noch besser auf dem Hüftknochen der Mutter »mitreiten«.

Die Hand des alten Menschen hingegen öffnet sich im Sterben ganz. Die Muskelrelaxation löst alles Verkrallt- und Verkrampftsein in die Dinge dieses Lebens und dieser Welt.

Zwischen dem notwendigen Greifen und Ergreifen, dem Umgreifen und Begreifen am Anfang und dem notwendigen Abgeben und Hingeben, dem Ablassen und Loslassen am Ende vollzieht sich unser menschliches Leben.

Vom alten und vom jungen Menschen lerne ich: Wir können und sollen alles lassen, uns selbst und diese Welt loslassen; denn wir dürfen unsere hilfsbedürftige Existenz vertrauensvoll einem anderen überlassen. Aber indem wir aus dieser Welt hinaussterben, werden wir hineingeboren in eine neue Welt, die uns mit Freude erwartet und umfängt. Und ihn, den menschgewordenen Gott, der uns in das neue Leben geleitet, erwartungsvoll und liebevoll wie die Mutter ihr Kind, ihn sollen wir voller Hoffnung und Zuversicht ergreifen, an ihn uns anklammern zum Leben und Überleben.

Mit der Weitsicht und Tiefenschärfe eines langen, erwartungsvollen Lebens erkennt Simeon in diesem hilfsbedürftigen Säugling die menschgewordene Verheißung Gottes, den messianischen Heilsbringer. Und so spricht der alte Mann im Blick auf dies neugeborene Kind die wunderbaren Worte, die zum Abendgebet seines Lebens und zum Abendgebet der Kirche geworden sind: »*Nun lässt du, Herr, deinen Knecht, wie du gesagt hast, in Frieden scheiden. Denn meine Augen haben das Heil gesehen, das du vor allen Völkern bereitet hast, ein Licht, das die Heiden erleuchtet, und Herrlichkeit für dein Volk Israel.*« (Lk 2,29–32).

Zur Erinnerung daran, dass dieses neugeborene Kind das Heil und der Heiland für alle Völker ist, zur Erinnerung daran, dass er das Licht in unserer globalisierten neuheidnischen Verfinsterung ist, segnen und entzünden wir Kerzen und tragen so hellsichtig sein Licht auch in die finstersten Winkel unseres Lebens, unserer Kirche und unserer Welt. Kürzlich stieß ich auf ein schönes Gedicht über den Sinn der Kerzen:

Vier Kerzen

Eine Kerze für den Frieden,
die wir brauchen,
weil der Streit nicht ruht.

Für den Tag voll Traurigkeiten
eine Kerze für den Mut.

Eine Kerze für die Hoffnung
gegen Angst und Herzensnot,
wenn Verzagtsein unsren Glauben
heimlich zu erschüttern droht.

Eine Kerze, die noch bliebe
als die wichtigste der Welt:
eine Kerze für die Liebe,
voller Demut aufgestellt,

dass ihr Leuchten den Verirrten
für den Rückweg ja nicht fehlt,
weil am Ende nur die Liebe
für den Menschen wirklich zählt.
Elli Michler

Lassen wir den Hoffnungsfunken überspringen, feuern wir uns an in der Hoffnung, werden wir hellsichtig für Gottes Heil. Denn unser Leben ist vom Kindbett bis über die Leichenbahre hinaus in Gottes heilvollem Licht, in Gottes lichtvollem Heil geborgen.

Fest des hl. Josef

(19. März und 1. Mai)

Typ zur Ver(m)ehrung

Was würden Sie einem Mann empfehlen, der fest liiert ist mit einer jungen Frau und kurz vor der geplanten Heirat feststellt, dass seine Braut schwanger ist, und das ganz sicher nicht von ihm? Etwa: »Das ist ein schwerer Vertrauensbruch, von der würde ich mich trennen. Wenn die es schon vor der Ehe so treibt, was soll dann erst in der Ehe werden? So einer muss man möglichst schnell den Laufpass geben.« Aber der Mann heiratet die Frau schließlich doch. So ein Depp? – Der Depp heißt Sepp! Genau: Der Mann, von dem hier die Rede ist, ist Josef, der Mann Marias. Sein Fest wird am 19. März und 1. Mai gefeiert – warum an zwei Tagen, dazu später. Drei Charaktereigenschaften hebt die Bibel an ihm besonders hervor: Gerechtigkeit, Gehorsam, Geduld.

Was macht ihn so sicher, mit dieser Heirat das Richtige zu tun? Er braucht keine Anlageberatung, keine Partnervermittlung, kein Typencoaching oder wie die dubiosen Institutionen noch heißen mögen. Die Bibel sagt, Josef sei ein Gerechter gewesen (Mt 1,19). Als ein Gerechter galt im alten Israel derjenige, der sein ganzes Leben auf Gott hin ausrichtete. Und darum liegt es ihm fern, die scheinbar untreue Frau öffentlich zu diskreditieren. Er ist kein Mann der schnellen Entschlüsse und der schnellen Schüsse. Er geht mit sich und mit Gott zu Rate und mit Gottes Rat zur Tat, mit Gottes Rat zur Heirat.

Die zweite Charaktereigenschaft ist sein Gehorsam (Mt 2,14 und 2,21). Beim Stichwort Gehorsam denken viele Zeitgenossen zu Unrecht nur an Hacken schlagende und Jawoll brüllende Idioten, die sich bis zum Kadavergehorsam missbrauchen lassen. Zuerst aber steckt in dem Wort Gehorsam das Hören, Hinhören, in sich Hineinhören.

Dreimal sind es die Träume, die Josef sagen, was zu tun ist. Im Traum empfängt er Gottes Weisung, Maria zu sich zu nehmen, im Traum empfängt er die Weisung, mit dem Kind und mit Maria vor dem Despoten Herodes nach Ägypten zu fliehen, im Traum empfängt er die Weisung, wieder in die Heimat zurückzukehren. Josef horcht nach innen, folgt der inneren Stimme, der Stimme Gottes in seinem Innern. Und das, worüber ihm Klarheit geschenkt worden ist, das setzt er um. Die Klarheit über den Lebensweg ist ganz oft ein Geschenk des Himmels, etwas, das uns zufällt. »*Den Seinen gibt's der Herr im Schlaf.*« So sagt es eine zum Sprichwort gewordene biblische Weisheit.

Die dritte Charaktereigenschaft ist seine friedfertige Geduld (Lk 2,4ff. und 2,41ff.). Er lässt sich in die Steuerlisten der Römer eintragen. Terroristische Widerstandsnester gab es auch damals, als die Großmacht noch Rom hieß. Schläger machen Schlagzeilen, damals wie heute. Josef aber fügt sich in das Einsehbare.

In der öffentlichen Meinung gilt Jesus als Sohn des Zimmermanns Josef (Lk 3,23 und Mt 13,55), von Dementi seinerseits ist uns nichts bekannt. So sichert er durch seine gesetzliche Vaterschaft dem Sohn Marias die Davidsabstammung und den Messiasnamen. Er sucht mit Maria drei Tage lang nach dem bei der Jerusalem-Wallfahrt verloren gegangenen halbwüchsigen Jesus. Er fügt sich in die Dinge des Alltags und tut ohne Lamento und ohne Selbstdarstellung die Arbeit, die ansteht.

Jahrhundertelang spielt Josef in der christlichen Heiligenverehrung keine Rolle. Erst im 9. Jahrhundert beginnt seine Verehrung in der Kirche des Abendlandes, 1479 erscheint sein Fest im römischen Brevier und im Jahr 1955 versucht Papst Pius XII., den hl. Josef zur Speerspitze der katholischen Arbeiterbewegung zu machen, indem er das Fest »Josef der Arbeiter« auf den gewerkschaftlichen Kampftag, den ersten Mai, verlegt.

Im Jahre 1517 wird die erste Ordensgemeinschaft gegründet, die den Namen Josef im Schilde führt, und seither sind es mehr als 170 Gemeinschaften, 51 männliche und 121 weibliche Kongregationen, geworden. Eine solche Wirkungsgeschichte für einen Menschen, von dem kein einziges Wort überliefert ist, das ist vielsagend.

Die christliche Ikonografie zeigt Josef bis ins 16. Jahrhundert hinein nicht besonders vorteilhaft. Auf vielen Weihnachtsbildern des Mittelalters sitzt er irgendwie unbeteiligt neben den Hauptgestalten Maria und Jesus, wie wenn er nicht verstanden hätte, was hier vorgeht. Zumeist wird er auch als alter Mann dargestellt, dem man etwas anderes als das Führen einer Josefsehe ohnehin nicht mehr zutraut. Aus dem Umstand, dass er nur in den Anfängen der Evangelien, also in der Familienphase Jesu eine Rolle spielt und später nicht mehr erwähnt wird, hat man geschlossen, er sei frühzeitig gestorben, was wiederum zur Annahme seines angeblich fortgeschrittenen Alters passte. Erst der berühmte Maler Raffael (1483–1520) stellt Josef bei der Vermählung als kraftvollen jungen Mann dar, und das 19. und beginnende 20. Jahrhundert, die den hl. Josef besonders verehrt haben, zeigen ihn als zupackenden Mann mittleren Alters, der seinem soliden Handwerk nachgeht, und als Mann mit der Lilie, dem Zeichen der Reinheit. Von der Barockzeit an wird der Tod Josefs im Beisein von Maria und Jesus dargestellt. Josef gilt nicht zuletzt daher als Schutzpatron für einen guten Tod.

Was auch immer das angemessenste Bild sein mag, das ist allen gemeinsam: Josef spielt nicht die erste Geige, kein Mann des Wortes, kein Sprücheklopfer, kein Schaumschläger, sondern ein tätiger Beter, ein betender Täter. Er steht heilsgeschichtlich ganz im Hintergrund und genau dort dient er mit ganzer Kraft dem Heilsplan Gottes.

Josef bedeutet übersetzt: »Jahwe möge hinzufügen« oder »Gott gebe Vermehrung«.

Fast zweihundertfünfzig Kinder habe ich in meinem bisherigen Täuferdasein getauft, ein Josef war noch nicht dabei. Also: »Gott gebe Vermehrung«; denn diesen Typ Mensch haben wir in Kirche und Gesellschaft bitter nötig.

Eisheilige (11.–15. Mai)

Nicht unterkühlt

Wissen Sie, wer oder was die Eisheiligen sind? Besonders fromme Tiefkühllieferanten von Eismann und Bofrost? Besonders gottesfürchtige Eisdielenbesitzer? Heilige, die zu Lebzeiten besonders cool waren? Heilige, die man wie den Ötzi, den jungsteinzeitlichen Gletschermann aus den Ötztaler Alpen, posthum tiefgefroren hat? Nichts von alledem.

Die Eisheiligen sind die im kirchlichen Kalender vom 11. bis 15. Mai aufgeführten Heiligen: Mamertus, Pankratius, Servatius, Bonifatius und Sophia: Als Eisheilige werden sie bezeichnet, weil es an ihren Gedenktagen in Mitteleuropa periodisch zu Kälterückfällen mit Nachtfrost kommt, die den Blüten oft empfindlich zusetzen und den Jahresertrag in der Obst- und Weinernte empfindlich mindern können.

Mamertus war von 461 bis 477 ein etwas eigenwilliger Bischof von Vienne, der wegen einer selbstständig vorgenommenen Bischofseinführung Probleme mit seinem Metropolitan und mit dem Papst Hilarius bekam. Er führte in Vienne infolge von Erdbeben und Bränden die Bittgänge vor Christi Himmelfahrt ein, die in vielen Gemeinden bis heute veranstaltet werden. In Frankreich wird er als Patriarch der Ammen verehrt. (Warum selbst dieses ganz und gar und unbestreitbar weibliche Arbeitsfeld einen Patriarchen und keine Matriarchin zur Galionsfigur hat, kann wohl nicht an einer speziellen Zuständigkeit dieses Eisheiligen für Milcheis liegen.)

Pankratius war ein römischer Märtyrer, der als junger Mann unter Kaiser Diokletian, Valerian oder Decius, also in der ersten Hälfte des dritten Jahrhunderts, an der 2. Meile der

Via Aurelia enthauptet und in der nach ihm benannten Katakombe begraben worden ist. Hier entstand im Frühmittelalter eine Basilika, ein Ort lebendiger Gottesbegegnung über den Gräbern seiner getöteten Zeugen.

Servatius war der erste bezeugte Bischof der belgischen Stadt Tongern. Drei regionale Konzilien in der ersten Hälfte des 4. Jahrhunderts bezeugen seine Teilnahme und sein Ringen um den rechten Glauben. Seine Gebeine liegen im Servatius-Schrein in Maastricht.

Bonifatius, nicht der Apostel Deutschlands (dessen Gedenktag ist der 5. Juni), eine historisch wenig belegte Gestalt, soll in der Diokletianischen Christenverfolgung in Tarsos (Kilikien) das Martyrium erlitten haben. Sein Leichnam soll nach Rom gebracht und dort an der Via Latina bestattet worden sein.

Sophia, übersetzt die Weisheit, halten manche Historiker für eine legendarische Gestalt. Ihr werden drei Töchter zugeschrieben mit Namen Fides, Spes und Caritas, übersetzt Glaube, Hoffnung und Liebe. Und es finden sich an der Via Appia und der Via Aurelia in Rom auf Grabinschriften in den Katakomben tatsächlich diese Namen. Das scheint mehr als nur die Personifikation abstrakter Konzepte zu sein. Die wahre Weisheit bringt offenbar auch in der Wirklichkeit etwas mit Hirn, Herz und Hand zuwege, das den Namen Glaube, Hoffnung oder Liebe verdient.

Wenn wir den Lebensspuren dieser so ganz unterschiedlichen Eisheiligen aus diesen so ganz unterschiedlichen Lebens- und Zeitkontexten nachgehen, stoßen wir stets auf dieselbe Spur, die Spur Jesu Christi. Und der nachzugehen, lohnt in jedem Fall; denn das ist die heiße Spur schlechthin, auch die heiße Spur zum Verständnis der Eisheiligen.

Der Frankfurter Pfarrer Lothar Zenetti (*1926) hat bedichtet, wohin das führt, wenn wir dieser heißen Spur nachgehen:

Der Holzweg

Zugegeben,
wir sind auf dem
Holzweg,
wenn wir ihm folgen:

Auf diesem mühsamen Weg
vom Holz der Krippe
im ärmlichen Stall
zum Holz des Kreuzes,
dem Marterpfahl,
an dem er litt.

Dazwischen
der harte Alltag des
Zimmermanns: Holz,
Balken und Latten ringsum.
Bretter, die die Welt
bedeuten. Das war
seine Welt. Holzgeruch
über Jahre hin.

Und nun also ich:
mit dem Brett
vor dem Kopf und dem
Balken im Auge.
Und ich (lacht nur),
will ihm nachgehn.
Lothar Zenetti

Wer Jesus nachgeht, wer auf dem Holzweg Jesu ist, der mag ein Brett vor dem Kopf haben oder sogar einen Balken im Auge. Wer auf dem Holzweg Jesu ist, wer von der Krippe zum Kreuz Jesus nachgeht, wer in unserer mit den Brettern der

Diesseitigkeit vernagelten Welt Jesus nachgeht, der findet reichlich Brennmaterial zur Überwinterung in der gegenwärtigen Eiszeit wirtschaftlicher Globalisierung, Brennmaterial zur Anzündelung eines Tauwetters der Menschlichkeit. Wer auf dem Holzweg Jesu ist, der kann dieser manchmal gefriergetrockneten Kirche, dieser gefühlskalten und frostigen Gesellschaft, dieser eiskalten und über Leichen gehenden Wirtschaft, dieser in Floskeln erstarrten Politik lebendige Glut unterschieben und mächtig einheizen. Der kann die Eiszeit der Gefühle zwischen Verwandten und Nachbarn beenden, der kann die Binnentemperatur der Familie und der Gesellschaft auf ein menschlicheres Klima hinaufregulieren, der kann gegen die Nachtfröste der Hoffnungslosigkeit ein Leuchtfeuer der Menschlichkeit entzünden. Kurzum, die Eisheiligen sind keine tiefgefrorenen Erinnerungsfiguren aus vergangenen Eiszeiten. Wir brauchen sie auch heute, um unsere heutigen Eiszeiten durch die Menschlichkeit und für die Menschlichkeit zu erwärmen. Und da Eisheilige weder frigide noch frostig sind, können sie sich auch vermehren. Dann nehmen sie – wie bei Sophia – mit Hand und Fuß als Glaube, Hoffnung und Liebe lebendige Gestalt an, sogar heute.

Dreifaltigkeitssonntag/Trinitatis
(Sonntag nach Pfingsten)

Einmaleins des Glaubens

Das Christentum, so argwöhnen manche Muslime und Juden, sei ein verkappter Tritheismus, und mit solchen (un-)heimlichen Polytheisten wollen die besonders gestrengen Monotheisten nicht in einem Atemzug genannt werden. Der Dreifaltigkeitssonntag, der Sonntag nach Pfingsten, ist daher zu unserer eigenen Selbstvergewisserung wichtig. Er nötigt uns Christen aller Konfessionen zu erklären, was das sein soll, Trinität, ein Gott in drei Personen, Gott als Vater, Sohn und Hl. Geist.

Die christliche Ikonografie gestaltete den sogenannten Gnadenstuhl: Der machtvoll thronende Vater-Gott hält und erhebt den gekreuzigten Gott-Sohn vor sich. Und zwischen oder über beiden schwebt die Taube, das Symbol für Gott, den Hl. Geist. Und im Kölner Kolumba-Museum findet sich eine fantastische, im 17. Jahrhundert aus Lindenholz gefertigte Schnitzerei, die Trifrons, das Dreigesicht, eine große Figur mit drei bärtigen Gesichtern unter demselben Schädel. Je ein Auge gehört zu zwei Gesichtern, sodass sich ein fast nahtloser Übergang vom einen zum anderen vollzieht. Die Schnitzarbeit mutet an wie eine Gestalt, die zugleich in die drei Zeitdimensionen blicken kann, Vergangenheit, Gegenwart und Zukunft überblickt und durchschaut, wie in einem ewigen Jetzt. Aber hilft uns das weiter?

Die Mathematik sagt: Eins und eins und eins ist drei! Die Theologie sagt scheinbar im Widerspruch dazu: Eins und eins und eins gleich eins. Wer soll das verstehen? Kann denn das mathematisch Falsche das theologisch Richtige sein? Das sei eben das hinzunehmende bleibende Geheimnis, hört man von Theologen, und dann wird es still. Aber das bleibende Geheimnis des dreieinen Gottes gestattet keine Interessen- und Gedankenlosigkeit, die sich mit der Unerkennbarkeit Gottes herausredet. Es bestätigt nicht die statisch bleibende Begrenzung, sondern provoziert die dynamische Entgrenzung der Vernunft. Doch bei allem theologisch redlichen Nachdenken über und Sprechen von Trinität bleibt als Ausdrucksmittel oft nur die Analogie, die ähnliche Strukturen in einen Zusammenhang stellt.

Eine solche ist die des Wassers. Wasser ist chemisch gesehen H_2O. Es ist und bleibt unter 0° C als Eis in seiner festen Form Wasser, es ist und bleibt in seiner flüssigen Form zwischen 0 und 100° C Wasser und ist und bleibt in seiner gasförmigen Gestalt jenseits der 100° C Wasser. Die drei Personen in Gott hätte man dann durch die drei unterschiedlichen Aggregatzustände des Wassers und die wesenhafte Einheit Gottes durch das Gleichbleiben der chemischen Zusammensetzung des Wassers interpretierend bebildert. Aber: Ein und dasselbe Wasser ist nicht auf einmal und zugleich in allen drei Aggregatzuständen gegeben. Das heißt, die drei Personen in Gott sind bei aller göttlichen Wesensgleichheit nicht nachträglich in einander konvertierbar, wie das Wasser in Eis oder der Dampf in Wasser etc.

Doch auch das Wasser kann auf einmal und zugleich in allen drei Aggregatzuständen gegeben sein. Das Diagramm der Schmelzkurve und der Dampfdruckkurve zeigt einen Tripelpunkt, an dem Wasser zugleich fest, flüssig und gasförmig vorkommt. So ist es auch in dieser Hinsicht ein schönes Bild für Dreieinigkeit.

Augustinus (354–430) hat das eine göttliche Wesen in den drei Personen mit den drei Dimensionen des einen menschlichen Bewusstseins verglichen. Erstens ist dieses Bewusstsein dem Menschen vorgegeben, denn er greift immer auf etwas schon Gegebenes, auf Gedächtnisinhalte oder Erkenntniskategorien zurück. Zweitens kann dieses eine menschliche Bewusstsein auf Distanz und in Differenz zu sich selbst gehen, ohne dass es die Einheit seiner selbst verlieren müsste. Es kann sich selbst zum Dialogpartner eines inneren Dialogs werden, mit sich zurate gehen. Und schließlich ist und bleibt dieses eine menschliche Bewusstsein wollend und erkennend immer auf sich selbst als Einheit bezogen. Es beurteilt also von einer Einheitsinstanz aus sein Vorgegebensein und sein In-Differenz-zu-sich-Treten. Wenn man diese Analogie von Bewusstsein und Trinität gelten lässt, kann man festhalten: Es gibt schon im einen menschlichen Geist durch Vorgegebensein, Differenz und Einheit so etwas wie Wesensrelationen.

Nicht selten ist die Ich-, die Du- und die Wir-Dimension menschlicher Existenz als Hinweis auf und als Bild für Trinität bedacht worden. Jeder Mensch lebt in der Dreiheit der Ich-, der Du- und der Wir-Dimension. Zum Ich wird der Mensch am Du des anderen, also in der Wahrnehmung der Differenz zu diesem. Und mit dem Du, also in der Einheit mit dem anderen, macht es die erste Erfahrung mit dem Wir. Die vollständige Wir-Erfahrung ergibt sich aber erst dadurch, dass die Ich-Du-Beziehung sich nicht abschließt, sondern über sich hinausweist, sich als offen erweist für den personalen Ausdruck dieser Beziehung. Der dreieine Gott ist nicht auf die für uns unübersteigbare Alternative von Einzahl und Vielzahl festgelegt, er ist in sich Einheit in Gemeinschaft.

Auch die Familie wurde als Analogie zur Trinität aufgefasst. Der Mann ist Vater, weil ihn Mutter und Kind dazu machen; und die Frau ist Mutter, weil Vater und Kind sie dazu machen; und das Kind ist Kind, weil und insofern es die beiden Eltern gibt. So ist in der Tat die Familie ein Bild für Einheit in Verschiedenheit. Und die Verschiedenheit der Personen ist nicht der Gegensatz, sondern die Voraussetzung für die Einheit der Familie.

Aus der in drei Richtungen weisenden menschlichen Beziehungserfahrung leitet der brasilianische Theologe Leonardo Boff (*1938) ein Verständnis des Trinitätsgedankens her: *»Ein Mensch, der ganz und gar menschlich sein will, muss Beziehungen pflegen in drei Richtungen: nach oben, nach den Seiten und nach innen. So kommt uns die Dreifaltigkeit entgegen: Der Vater ist das unendliche ›nach oben‹, der Sohn das radikale ›nach den Seiten‹ und der Heilige Geist das totale ›nach innen‹.«* So lautet die zentrale These seiner Trinitätslehre: Der eine Gott ist Gemeinschaft. In ihm herrscht ein ewiger Prozess von Leben und Liebe.

Gott, der Vater, weist den Menschen unendlich über das nur Menschliche und über sein Menschsein hinaus, er weist ihn als Sohn immer neu und nachdrücklich auf den Menschen und seine Menschlichkeit hin, er weist ihn als Heiliger Geist aus allem nur Peripheren ins Zentrum seines eigenen Innern.

Eins und eins und eins gleich eins? Wer legt uns auf Addition fest? Könnte man nicht auch sagen: »Einmal eins mal eins gleich eins«? Dann stimmen plötzlich Mathematik und Theologie wieder überein. Entsprechend dieser Multiplikations-Logik hat der Schriftsteller C. S. Lewis (1898–1963) für die Trinität die Analogie des einen Würfels mit seinen drei gleichen Raumdimensionen benutzt. Wie auch immer der eine Würfel rollt, seine Kanten zeigen in die drei unterschiedlichen, nicht miteinander zu identifizierenden Raumdimensionen und sind doch integraler Bestandteil des einen und selben Würfels. Die Raumdimensionen symbolisieren die Unterschiedlichkeit in der Einheit und der Würfel die Einheit in der Unterschiedlichkeit seiner Dimensionen.

Es kann wohl keine mathematische Aussage dem Geheimnis Gottes angemessen sein. Ich vermute, dass ein in sich abgeschlossenes Verständnis Gottes ein falsches Verständnis sein muss, und zugleich, dass jedes unabgeschlossene Verständnis Gottes kein richtiges Verständnis sein kann. Vielleicht muss man mit Augustinus sagen, dass es besser ist, Gott im Nichtverstehen zu verstehen, als im Verstehen nicht zu verstehen, besser ihn im Nichtfinden zu finden, als im Finden nicht zu finden. Und mit Nikolaus von Kues (1401–1464) bliebe nur ein Erkennen, das das Erkannte nicht vollständig ergreift und umgreift; ein nur verweisendes und hinweisendes Erkennen, ein nicht definierendes – also begrenzendes –, sondern ein entgrenzendes Erkennen in der Ahnung der Grenzenlosigkeit Gottes.

Fronleichnam
(Donnerstag nach Dreifaltigkeit)

Kumpanei

Was fällt Ihnen ein, wenn Sie das Wort Kumpan hören? Saufkumpane, also eine Bande von Zechern, oder Kumpanei, eine eher üble Vereinigung von Leuten, die sich wechselseitig unterstützen? Verwandt mit Kumpan ist das eher positiv besetzte Wort Kumpel. Die Bergleute wurden und werden so bezeichnet. Der Kumpel ist jemand, der unkompliziert ist im Umgang, auf den man zählen kann, der einem, wenn nötig, hilfreiche Tipps gibt, Geld borgt oder von seinem Essen und Trinken etwas abgibt, der mit einem durch dick und dünn geht. Beide, das Wort Kumpan und auch das Wort Kumpel, stammen vom lateinischen *companio* und bedeuten Brotgenosse. Damit ist der gemeint, der mit mir am selben Tisch sitzt und vom selben Brot isst.

Verwandt mit dem Wort Kumpan und Kumpel ist das Wort Kompanie, was im Bereich der Wirtschaft ein Handelsunternehmen bezeichnet. Im Militärischen meint Kompanie die kleinste taktische Einheit mit einem Hauptmann oder Major an der Spitze. Kompanie ist vom lateinischen *companium* abgeleitet und meint schlicht Gemeinschaft.

Sowohl das Wort Kompanie wie auch Kumpan und Kumpel sind begründet in den beiden lateinischen Wörtern *cum,* was »mit« bedeutet, und *panis,* was »Brot« bedeutet. Die Kompanie ist somit eigentlich die Brotgemeinschaft, die keinen darben und zugrunde gehen lässt. Der Kumpel und der Kumpan bedeuten der Brotgenosse, der mit uns das Brot, auch das letzte Stück Brot teilt.

Am Fest Fronleichnam geht es um das Brot, es ist die Mitte, es ist der Dreh- und Angelpunkt des Festes. Alles andere ist nur Zutat. Wir tragen ein wertlos und armselig anmutendes Stückchen Brot in der kostbaren goldenen Monstranz mit Weihrauch und Fahnen, mit Kerzen und Geläut durch die Straßen der Stadt und durch die Felder auf dem Land.

Wir demonstrieren das Brot als das absolut Lebensnotwendige, das die Lebensnot Wendende. Wir demonstrieren mit Brot für die gerechte Brotzuteilung an alle Hungerleider dieser Welt. Wir demonstrieren im Brot den Brotgenossen schlechthin, Jesus Christus. Wir demonstrieren mit unserer Prozession die Brotgemeinschaft Kirche, die niemanden darben und zugrunde gehen lassen darf.

Christus hat mit seinen Jüngern das Brot geteilt; er hat sich ihnen und uns im Brot mitgeteilt. Christus wird den Emmaus-Jüngern zum Kumpan, zum teilenden Brotgenossen, und ist nur als solcher erkennbar. Daraus ergibt sich auch für uns: Christen machen Christus nur durch das Brotteilen, nicht durch das Brothorten erkennbar und werden selbst nur am Brotteilen, nicht am Brothorten erkannt.

Ich finde es genial, dass Jesus Christus dieses Allerweltszeichen Brot zum Zeichen für alle Welt erhoben hat. Es ist das Lebensmittel für jeden Lebenstag und das Lebensmittel noch am Sterbetag, die Wegzehrung für dieses Leben und über dies Leben hinaus.

Wenn wir diese Mitte, dieses Zentrum, also das tägliche und das eucharistische Brot verlieren, dann schaut, wer in die Monstranz schaut, nur noch in die Röhre, dann können wir die leere Monstranz ins Museum stellen, dann degeneriert unser Fronleichnam zur Folklore und Christentum zur brotlosen Kunst.

Damit unser Glaube nicht weiter in die Regression, sondern in eine Progression und Prozession gerät, d.h. aus dem Rückschritt in den Fortschritt überführt wird, braucht er wieder die alltäglichen Zeichen, zum Beispiel das Tischgebet. Ich bekreuzige mich und bete auch in der Mensa oder Gaststätte bei Tisch, nicht mit marktschreierischer Geste, sondern still. Und immer wieder einmal entdecke ich, dass, dadurch ermutigt, Studenten und Kollegen es mir gleichtun.

Auch in kommunikativen Familien erlebe ich oft eine völlige religiöse Sprachlosigkeit bei Tisch. So habe ich mir erlaubt, ein paar einfache, kinderleicht zu verstehende, also auch erwachsenentaugliche Verse zu schmieden gegen die Sprachlosigkeit. Jedes noch so alltägliche Mahl ist es wert, über das Kochrezept hinaus der Rezeptur des Lebens nachzuschmecken und den zur Sprache zu bringen, der uns zum ewigen Mahl und zum ewigen Leben geladen hat.

I.
Gott gab uns, was wir sind und haben,
von ihm sind Wort und Wein und Brot.
Die menschlichste all seiner Gaben
heißt: Auferstehn aus allem Tod.

II.
Der Wein, das Brot enthebt uns der Not,
an Wein und Brot erstirbt aller Tod.
Gott führt uns dunkle Sterbefälle
zu sich in seine Lebenshelle.

III.
Herr, wir danken für die Gaben;
denn in ihnen gibst du dich.
Wer an ihnen teil will haben,
findet andere, dich und sich.

IV.
Gott, du gibst des Lebens Brot,
Nahrung in des Leibes Not.
Gott, du gibst im Wein der Zeit
Hoffnung uns und Fröhlichkeit.

Gott, du bist das Lebensbrot,
so bist du des Todes Tod.
Gott, du bist im Wein der Zeit
Vorgeschmack der Ewigkeit.

Gott, du sprichst das Lebenswort
zu uns hier und heut am Ort.
Uns – mit Brot und Wort und Wein –
lädst du zur Vollendung ein.

Ich denke mir, wir brauchen mehr als nur die fronleichnamsfesttägliche, wir brauchen die alltägliche Demonstration mit dem Brot, die Demonstration für den sich im Teilen mitteilenden Brotgenossen Christus und die von ihm zehrende Brotgemeinschaft Kirche.

»*Wes Brot ich ess, des Lied ich sing!*« Ja, ich singe das Lied dessen, der mir das Brot gibt und zum Brot wird schon in diesem Leben, der mir Lebens- und Übelebens-Ration ist für das Leben, das kommt.

Eiserne Ration?

»*Wes Brot ich ess, des Lied ich sing.*« So bringt ein deutsches Sprichwort auch den Opportunismus von Menschen zum Ausdruck. Mit anderen Worten: Ich preise natürlich den, der mir Ein- und Auskommen sichert, der mir Vorteile bringt. – Und was für ein Brot essen wir? Das selbst gebackene, das sauer verdiente, das hart erarbeitete, das trockne Brot? Und wessen Lied singen wir? Das der Wirtschaft, das der Landwirtschaft, das der Sozialhilfe oder Caritas, das Loblied auf uns selbst?

Was haben Sie gedacht, als an Fronleichnam das kleine Stückchen Brot in der goldenen Monstranz durch die Straßen, vielleicht auch Ihre getragen wurde, mit Messdienern und Priester, Kreuz und Kerzen, Blasmusik und Fahnen? Viel Lärm um nichts? Was denken Sie, wenn in der Eucharistiefeier mit aufwendigen Riten ein winziges Stückchen Brot zelebriert wird? Viel Aufhebens für fast nichts?

Die Israeliten haben den Erzählungen des Alten Testaments zufolge bei ihrer Wüstenwanderung mit Mose Manna, also eine Art Brot vom Himmel, empfangen. Gott hat sie in der Not ausgehalten und durchgebracht. Und der Gott, an den wir Christen glauben, hat Heerscharen von Hungernden gesättigt; das erzählen uns in etlichen Varianten die Brotvermehrungsgeschichten aller vier Evangelien des Neuen Testaments. Der Gott, an den wir glauben, hat am Abend vor seinem Leiden Brot und Wein zu Zeichen seiner Gegenwart erhoben, das erzählen uns alle vier Evangelien des Neuen Testaments. Brot vom Himmel, gibt's das?

Eigentlich müsste man sagen: Jedes Brot ist Brot vom Himmel. Denn erst die Sonnenenergie ermöglicht den Pflanzen die Photosynthese. Wasser und Kohlendioxid werden durch Sonnenenergie zu Zucker bzw. Stärke und Luftsauerstoff umgewandelt. Ohne Gott kriegen wir nichts gebacken! Aber nicht nur die Energie, die wir zum Leben brauchen, auch die Luft, die wir ein- und ausatmen und mit der wir aufatmen können, ist ein Geschenk des Himmels. Ohne diese Energie vom Himmel keine Energie auf Erden, ohne diese Energie vom Himmel keine Atmosphäre, in der Menschen auf Erden leben könnten.

Ich singe das Lied des Gottes, der den Brotkorb nicht höher hängt, sondern runterreicht und rumreicht, der nicht nur Brot gibt, sondern sich selbst zum Brot für das Leben der Welt macht.

Brot zu den Hungerleidern zu bringen, Brot unters Volk und das Volk in Brot zu bringen, das gehört seit Christus zu den grundlegenden Verpflichtungen eines jeden einzelnen Christen und der ganzen Christenheit.

Das ist keine christliche Welt, die bei unserer gigantischen agrarischen Brotvermehrung die übrig gebliebenen Brotreste sammelt, nicht um sie an die Hungerleider zu verteilen, sondern um sie zu vernichten. Man spricht natürlich davon, dass man die Preise stabil halten, meint aber in Wirklichkeit, dass man sie hoch halten möchte. Und an diesem Stabilhalten der Weltmarktpreise sterben nach WHO- und WTO-Angaben an Hunger und den Hungerfolgen in drei Friedensjahren mehr Menschen als in den sechs Kriegsjahren des Zweiten Weltkriegs, über sechzig Millionen.

»Wes Brot ich ess, des Lied ich sing?« Ja, ich singe das Lied des Gottes, der uns Erdenwürmern die Himmelsgabe des Brotes schenkt. Aber glaubwürdig kann ich das nur singen, wenn ich aus der himmlischen Gabe des Brotes die irdische Aufgabe der gerechten Brotverteilung ableite.

Die Hostie, ein winziges Stückchen Brot, Pfennigkram – Centkram wäre schon zu hoch gegriffen –, eingefasst in eine wertvolle, goldene Monstranz, ist das nicht ein monströses Missverhältnis? Ja, das scheint so. Die fast wertlos erscheinende Mitte, so sagt uns aber die außerordentlich wertvolle Fassung, ist eigentlich unfasslich, ist in Wirklichkeit unfasslich wertvoll. Die Hostie ohne das Drumherum der Monstranz ist auch für sich das Zeichen der Nähe Gottes. Aber die Monstranz ohne Hostie in ihrer Mitte, das ist in Wirklichkeit nur brotlose Kunst.

Die Fronleichnamsprozession ist ein Aufmarsch gegen die Brotlosigkeit, ein Protestmarsch gegen die global betriebene Aushungerung halber Kontinente. Die Fronleichnamsprozession ist aber mehr als nur ein symbolischer Kampf um Ressourcenverteilung, sie ist zugleich auch ein Erinnerungsmarsch mit dem Zentrum unserer Lebenshoffnung, ein Sternmarsch zum Zentrum unserer Lebenshoffnung.

»Wes Brot ich ess, des Lied ich sing?« Ja! Aber nicht: »Spiel mir das Lied vom Tod« für die Dritte und Vierte Welt, sondern: »Spiel mir das Lied vom Brot für das Leben der Einen Welt.«

Die eiserne Ration in der Monstranz demonstriert, was wir einander in diesem Leben zum Leben schulden: das tägliche Brot. Die Brotration in der Monstranz demonstriert, was uns über den Tod hinaus am Leben hält: das eucharistische Brot; denn in ihm begegnen wir dem Gott, der sich dreschen und zermahlen lässt für das Leben der Welt.

Fest der Apostel Petrus und Paulus (29. Juni)

Aus zwei mach eins!

Simon ist ein Fischer aus Kafarnaum am See Gennesaret und traditionell im jüdischen Glauben erzogen worden. Jesus selbst hat ihn Kephas oder Petrus genannt, was so viel heißt wie Fels. Das Haus des Petrus, das bald zu einer ersten frühchristlichen Pilgerstätte wurde, hat man in Kafarnaum ausgegraben.

In allen Apostellisten steht Petrus an erster Stelle als die Führungsfigur unter den Aposteln. Er ist impulsiv, begeisterungsfähig und – feige. Er ist es, der in Jesus den Messias, den Sohn Gottes sieht. Er ist es auch, der von Jesus schroff zurechtgewiesen wird, weil er Jesus von dem ihm verhängnisvoll erscheinenden Leidensweg abbringen will. Vollmundige Treueschwüre, etwa im Abendmahlssaal, gehen ihm locker über die Lippe: »Wenn ich auch mit dir sterben müsste, ich verlasse dich nicht.« Doch Jesus weiß um dessen Schwächen und sagt: »Noch ehe der Hahn kräht, wirst du mich dreimal verleugnen.«

Zwar schwingt Petrus das Schwert und haut einem Knecht bei der Gefangennahme Jesu ein Ohr ab, aber dann gibt er wie alle anderen Jünger Fersengeld. Später schleicht er sich mit Johannes nochmals bis in den Hof des hohepriesterlichen Palastes, in dem Jesus verhört und gefoltert wird. Als er aber am Feuer als Jünger Jesu erkannt wird, verleugnet er Jesus beim ersten Hahnenschrei. Der Hahn auf den meisten katholischen Kirchen, der sich wetterwendisch nach dem Wind dreht, erinnert an den Treuebruch des ersten Papstes und die vielen Treuebrüche der Christen aller Jahrhunderte.

Petrus stand mit Jakobus und Johannes dem Herrn besonders nahe. Auf dem Berg der Verklärung hat er das ahnungsvolle Hoch und im Garten Getsemani vor dem Leiden hat er das niederschmetternde Tief im Leben Jesu mitbekommen und nicht verstanden.

Petrus wird vom auferstandenen Herrn am See Gennesaret ein zweites Mal berufen. Wieder brennt ein Feuer wie im Hof des Hohepriesters. Auf die dreifache Verleugnung folgt nun die dreifache Frage: »Petrus, Sohn des Jonas, liebst du mich mehr als diese?« (Joh 21,15–17). Und es folgt der Auftrag: »Weide meine Schafe, weide meine Lämmer.« Aus dem Feigling wird ein unerschrockener Verkündiger, aus dem Fischer ein Menschenfischer.

Petrus geht danach mit letzter Konsequenz aufs Ganze, bis in den Tod um das Jahr 65 in Rom. Er stirbt wohl am Kreuz mit, nach einem ins Legendarische gehenden Bericht, dem Kopf nach unten hängend. Sein Grab wird mit guten Gründen unter der Peterskirche in Rom vermutet.

Saulus Paulus stammt aus Tarsus in der heutigen Südtürkei im Grenzgebiet zu Syrien. Er gehört zum Stamm Benjamin, ist gelernter Zeltmacher und erhält eine pharisäische Ausbildung in Jerusalem bei Rabbi Gamaliel. Er besitzt bereits römisches Bürgerrecht, damals ein Vorrecht nur weniger jüdischer Reichsbewohner. Im Gegensatz zu Petrus ist er kein Provinzler, sondern ein polyglotter Weltbürger, kein Schlichtgemüt, sondern ein Intellektueller, und im Kampf der Ideen ein Ideologe und Überzeugungstäter.

Zuerst verfolgt Saulus die Christen. Er ist ein Mittäter bei der Steinigung des ersten christlichen Märtyrers Stephanus. Wahrscheinlich wird er im Jahr 32 oder 33 Christ. Die Bekehrung vom Saulus zum Paulus ist schon sprichwörtlich geworden. Gleich dreimal berichtet die Apostelgeschichte von der Bekehrung des Saulus vor Damaskus. Auch Paulus selbst erwähnt sie in seinen Briefen mehrfach.

Er drückt dem Apostelkonvent von Jerusalem im Jahr 48 seinen Stempel auf, indem er gegen Petrus durchsetzt, dass Heiden, die Christen werden wollen, sich nicht an die jüdischen Gesetzes-, Reinheits- und Beschneidungsvorschriften halten müssen. Jerusalem, Antiochien, Korinth, Athen, Ephesus, Cäsarea, Damaskus, Zypern und schließlich Rom sind wichtige Stationen seiner rastlosen Mission. Fast ein Jahrzehnt verbringt er im Gefängnis, erleidet Schiffbrüche, Verfolgungen, Auspeitschungen und Steinigung. Und aus allem Niederschmetternden steht er wieder auf und lebt, was er selbst so formuliert: *»Nicht mehr ich lebe, Christus lebt in mir. Soweit ich aber jetzt noch in dieser Welt lebe, lebe ich im Glauben an den Sohn Gottes, der mich geliebt und sich für mich hingegeben hat«* (Gal 2,20).

Wahrscheinlich im Zuge der Christenverfolgung unter Nero findet Paulus im Jahr 64 in Rom den Tod, nicht durch Kreuzigung, sondern als römischer Bürger durch das Schwert. Sein Grab wird mit guten Gründen unter der Kirche St. Paul vor den Mauern verehrt.

Petrus und Paulus geraten nach Angaben der Schrift mehrfach aneinander, sind in theologischen Fragen oft Gegner und erzeugen eine produktive Spannung, die die Kirche bis heute nicht nur nicht verloren, sondern dringend nötig hat: Aus dem impulsiven Angsthasen und Wackelkandidaten Simon macht Jesus den Fels Petrus, auf den er seit schon zwei Jahrtausenden seine Kirche bauen kann. Aus dem engstirnigen, gesetzesverliebten jüdischen Ideologen macht er den weltoffenen Missionar, dessen Gesetz nur noch die Liebe ist und durch den die kleine jüdische Sekte zur bis heute größten Weltreligion, zum Christentum, wird.

Vielleicht lehrt uns dieses Doppelfest, die Gegensätze in der Kirche als komplementär, als notwendige Ergänzungen nicht nur zu ertragen, sondern sogar wertzuschätzen. Manches in dieser Kirche läuft nicht rund. Diese Kirche ist eine

Ellipse mit zwei spannungsvollen Brennpunkten, dem petrinischen und dem paulinischen Brennpunkt. Keiner davon ist der Schwerpunkt, keiner der Mittelpunkt. Aber indem man die gerade Verbindung vom petrinischen zum paulinischen Brennpunkt sucht, erreicht man den Schwerpunkt, den Mittelpunkt, Christus. Und für den lassen sie sich aufs Kreuz legen, für den riskieren sie Kopf und Kragen.

Aufnahme Marias in den Himmel (15. August)

Himmelfahrtskommando

Wir feiern am 15. August ein merkwürdiges Fest, das gar nicht zu unserem aufgeklärten Selbstverständnis passen will: Im Volksmund heißt es »Mariä Himmelfahrt«. Diese Formulierung bringt uns auf gedankliche Abwege. Sie legt nämlich unglücklicherweise nahe, Maria sei am Ende ihres Lebens nach Art eines UFO abgehoben, habe sich kraft eigener Möglichkeiten unter Missachtung aller Gesetze der Massenanziehung nach oben hin abgesetzt. Eine solche Vorstellung kann ich mir selbst und auch Ihnen nicht zumuten. Im Übrigen ist sie auch theologisch falsch.

Das Fest heißt mit richtigem Namen »Aufnahme Marias in den Himmel«. Darin kommt zum Ausdruck, dass nicht Maria die Handelnde ist, sondern dass Gott an ihr handelt. Bibelfeste Zeitgenossen werden sagen: Das steht doch nirgends im Neuen Testament! Wie kann es dann überhaupt zu einer solchen Lehre kommen? Auch ohne Schrifthinweis hat die Ostkirche bald nach dem Konzil von Ephesus (421) das Fest der Aufnahme Marias in den Himmel gefeiert. Im 6. Jahrhundert machte es der oströmische Kaiser Mauritius zum staatlichen Feiertag. In der Westkirche fand es erst im 7. Jahrhundert Eingang. Gelehrt wurde die Aufnahme Marias in den Himmel zumeist seit dem 10. Jahrhundert, allerdings ohne zur verpflichtenden Glaubenslehre erhoben worden zu sein. Auf dem Ersten Vatikanischen Konzil (1869–1870) wurde bereits die Dogmatisierung der Aufnahme Marias in den Himmel gefordert, aber nicht vollzogen.

Am 1. November 1950 schließlich dogmatisierte Papst Pius XII. Folgendes: » ... *es ist eine von Gott geoffenbarte Glaubenswahrheit, dass die unbefleckte, immer jungfräuliche Gottesmutter Maria nach Vollendung ihres irdischen Lebenslaufes mit Leib und Seele zur himmlischen Herrlichkeit aufgenommen worden ist.*«

Auch die wohlwollendsten Betrachter dieses Dogmas werden zugeben müssen, dass seine Formulierung zu allerhand Missverständnissen Anlass geben kann. Sollten wir annehmen, im Himmel säße eine alte Frau namens Maria, gewissermaßen für die Ewigkeit konserviert? Nein, die damalige Theologie dachte vielmehr an einen verklärten Leib, der von den Leiden der Zeit befreit und grundsätzlich anders als unser materielles Verfasstsein mit Fetten, Proteinen etc. zu denken ist.

Auch die Vorstellung vom Himmel als einem Ort ist abwegig, weil man dann ja zugleich seine Grenzen und seine grundsätzlich feststellbare genaue Lage mitbehaupten müsste. Und dann wäre der Himmel plötzlich Gegenstand einer kosmologischen Geografie unter Verwendung von Milchstraßenkarten. Himmel ist kein Ort, sondern ein Zustand, und zwar der Zustand vollkommenen Aufgehobenseins, beseligender Geborgenheit in Gott. Aber warum steht da im Dogma »mit Leib und Seele zur himmlischen Herrlichkeit aufgenommen«?

Diese Formulierung soll wohl besagen, Maria ist ganz und gar zur himmlischen Herrlichkeit aufgenommen. In unserem Sprachgebrauch sagen wir doch auch oft, jemand »ist mit Leib und Seele bei der Sache«. Es gibt eine Kontinuität und eine nicht-materielle Identität zwischen der Maria, die ihr Leben in den Dienst Gottes stellte, und der Maria, deren Leben in Gott vollendet und verherrlicht ist.

Maria mit »Leib und Seele zur himmlischen Herrlichkeit aufgenommen«, das heißt dann eben nicht mehr: Dieser Mensch, diese Frau, diese Mutter Jesu ist an irgendeinem Ort, in einer Art himmlischem Mausoleum als alte Frau konserviert, sondern: An diesem Menschen hat Gott sein Heilswerk vollendet. Diese historische Frau und Mutter Jesu ist in vollkommener und beseligender Weise in Gott geborgen und zeitlos in Gott vollendet. Letztendlich sagt also das Dogma nur das, was wir für uns alle erhoffen, als an Maria bereits geschehen aus: »*Wir erwarten die Auferstehung der Toten und das Leben der kommenden Welt*« (Großes Glaubensbekenntnis).

Dass Maria vollendet ist, schon jetzt, das hat die Kirche auch ohne dieses etwas missverständlich formulierte Dogma geglaubt. Angesichts des unauslotbaren Geheimnisses Gottes und seines uns zugewendeten Heils vermag die zeitbedingte menschlich-geistige Enge aller unserer Dogmen nur eine unzulängliche und klägliche Ahnung zu vermitteln. Aber wir alle können jenseits dieser Begrenzung etwas von Gottes unsäglicher Weite und Güte erahnen.

Fest der Kreuzerhöhung
(14. September)

Kreuz-weise

Haben Sie ein Kreuz in Ihrer Wohnung aufgehängt? Vielleicht denken Sie: Warum sollte ich?

Am 14. September begeht die Kirche das Fest Kreuzerhöhung. Es erinnert an die Einweihung der von Kaiser Konstantin über dem Grab Christi in Jerusalem errichteten Basilika am 13. September 335, was zugleich der Jahrestag der Kreuzauffindung durch seine Mutter, Kaiserin Helena, gewesen sein soll. Dann aber erinnert es vor allem an den 14. September 335, den Tag nach der Kirchweihe, als die Erhöhung, d.h. die öffentliche Darstellung des Kreuzes vor allem Volk, gefeiert wurde. Bereits um das Jahr 350 sind so viel Partikel des angeblich wahren Kreuzes verbreitet, dass daraus vermutlich Dutzende von Kreuzen hätten gemacht werden können. Historisch-kritisch gesehen mögen das ein paar Kreuze zu viel sein. Aber im Blick auf die eigene Lebens- und die Weltgeschichte muss man wohl sagen: Es gibt ein Millionenheer von Kreuzen quer durch alle Jahrhunderte, und jeder von uns hat das seine. Literarisch wird die Geschichte von der Kreuzauffindung erstmals 395 durch Ambrosius von Mailand (339–397) erwähnt.

614 geht das Kreuz an den Großkönig Chosrau II., genannt Parvez (»Sieger«), von Persien verloren, wird 628 von Kaiser Herakleios zurückerobert und ab 635 in Konstantinopel aufbewahrt. Auch die Kreuzritter, keineswegs nur kreuzbrav, führten seit 1099 eine Kreuzreliquie mit sich, die aber, eine Ironie der Geschichte, im Jahr 1187 bei der Schlacht bei Hattin in Galiläa, d.h. in der Heimat Jesu, verloren ging.

Das Kreuz ist ein menschliches Ursymbol und spätestens seit der Jungsteinzeit bekannt. Auf oftmals mörderische Weise teilt es die Welt in oben und unten, in hoch und tief. So führen die einen kreuzfidel ein Leben wie auf der Kreuzfahrt, während die anderen nichts als ein durchkreuztes Leben kennen, ein Leben als Kreuzweg, ein Leben, das brutal am Kreuz endet. Das Kreuz teilt die Welt auch ein in rechts und links und lässt Menschen an dieser Aufteilung sterben. Die einen handeln angeblich nur rechtens, die anderen werden dabei gelinkt und aufs Kreuz gelegt.

Aber der Gekreuzigte streckt die Hände aus zu denen rechts und links, zu denen, die man links und rechts liegen lässt. Der am Kreuz Erhöhte schaut sterbend zu den Erniedrigten, zu denen, die man heruntergemacht hat, die ganz unten sind. Und nicht nur die Gesten, auch die Worte Jesu am Kreuz, die Worte im Sterben sind Hilfe zum Leben:

- Mit dem Wort aus Psalm 22 »*Mein Gott, mein Gott, warum hast du mich verlassen?*« (Mt 27,46) spricht er wie die und mit denen, die sich gottverlassen fühlen, und betet dabei zugleich zu dem Gott, der uns nicht verlässt. Denn dieser Schrei der Verlassenheit ist zugleich der Anfang eines Gebetes tiefen Vertrauens.
- Auf seine und unsere letzte Geborgenheit in Gott verweist sein Gebet »*Vater, in deine Hände befehle ich meinen Geist*« (Lk 23,46). Wenn wir den Geist aufgeben, dann übergeben wir ihn in Gottes väterliche Hand.
- Seine Klage »*Mich dürstet*« (Joh 19,28) fühlt den unstillbaren Lebensdurst der Menschen bis zum Ende mit.
- Mit den Worten »*Frau, siehe, dein Sohn … Siehe, deine Mutter*« (Joh 19,26f.), die er an Maria und Johannes unter dem Kreuz richtet, verbindet er die Trauernden zur Solidargemeinschaft der Hoffenden.
- Sein Todesschrei (Mk 15,37) mit den Verzweifelten rüttelt auf aus der gedankenlosen Apathie und der selbstvergnügten Wahrnehmungsstörung gegenüber den Leidenden.

- Sein friedvolles, im Sterben gesprochenes Wort »*Es ist vollbracht*« (Joh 19,30) verweist in seinem und unserem Ende auf seine und unsere Vollendung.
- Der Todgeweihte verheißt in ungebrochener Lebenshoffnung denen, die schon morgen im Grab liegen: »*Heute noch wirst du mit mir im Paradies sein*« (Lk 23,43).

Mit solcher todüberwindenden Hoffnung brauchen wir Christen nicht kreuzlahm den Lebensweg zu gehen und nicht vor den Göttern und Halbgöttern unserer Zeit zu Kreuze zu kriechen. Seit Christus ist das Kreuz der Ort, wo der Himmel tief geerdet wird, aber auch der Ort, wo sich die Erde zum Himmel reckt.

Wenn Sie Ihr Kreuz aus der Wohnung weggehängt oder nie eines hingehängt haben, hängen Sie sich ein Kreuz auf. Ich habe all meinen Neffen und Nichten ein Kreuz geschenkt mit einer kurzen Betrachtung dazu, und zwar als Lebenshilfe. Als ich auf dem Makonde-Plateau in Tansania einen Holzschnitzer bei der Arbeit am Korpus eines Gekreuzigten sah, da habe ich mir selbst diesen Korpus gekauft. Er hat nämlich an zwei Stellen einen markanten dunklen Astansatz, genau am Herzen und direkt vor der Stirn. Dieser Gekreuzigte geht mir zu Herzen und gibt mir immer neu zu denken. So hängt er über meinem Arbeitsplatz in der Universität und erinnert mich an die Universalität des Heils. Der tägliche Blick aufs Kreuz ist Zumutung und Ermutigung zugleich, ist Sterbehilfe im Leben und Lebenshilfe im Sterben.

Fest der Erzengel (29. September) und Fest der Schutzengel (2. Oktober)

Engelgleich

Am 29. September feiert die Kirche das Fest der Erzengel Michael, Gabriel und Raphael und wenige Tage später, am 2. Oktober, das Fest der hl. Schutzengel.

Engel kennen nahezu alle Religionen der Welt. Einer meiner Neffen schenkte mir einen Engel, besser eine »Engeline« für den Schreibtisch, mit derart barocken Körperformen, dass sie das ewige, himmlische Hochzeitsmahl schwer unter Gelageverdacht bringt. Glücklich und naiv grinst sie mich an. Die kleinen, rückseitig angebrachten Schwingen dürften kaum ausreichen, dieses Tönnchen der Glückseligkeit auch nur leicht anzulupfen, geschweige denn zum Schweben zu bringen.

Wir kennen »gelbe Engel« als Pannenhelfer auf den Straßen und Autobahnen, »blaue Engel« als Aufkleber auf angeblich besonders umweltverträglichen Produkten und, Gott sei's geklagt, »Engelmacher« in der Abtreibungsindustrie. Musikliebhaber kennen das Abendlied aus Humperdincks Märchenoper Hänsel und Gretel »Vierzehn Englein um mich stehn«.

Und doch: Wir tun uns schwer mit Engeln, mit den kleinen dicken Puttos nicht weniger als mit dem martialisch bewaffneten Erzengel Michael auf ungezählten Heldendenkmälern. Engel, gibt es die, sind die der aufgeklärten Vorstellung eines modernen Menschen zumutbar?

Engel werden in der theologischen Tradition als nichtmenschliche, aber als personale und geistbegabte Geschöpfe Gottes gedacht. Ich muss gestehen, dass ich das endliche bisschen Geist, auf das wir Menschen uns so unendlich viel einbilden, nicht für das Nonplusultra des Geistes in diesem Kosmos halte. Da sind noch unendliche Dimensionen des Geistigen möglich und gänzlich unerschlossen. Ich halte es also für ziemlich unwahrscheinlich, dass es keine anderen geistbegabten personalen Wesen, von uns Engel genannt, in diesem Kosmos geben sollte.

Das Wort Engel kommt vom lateinischen *angelus* und bedeutet so viel wie Bote. Genauer: Engel sind Boten Gottes. Und das gilt für alle Engel, gleich ob Erz- oder Schutzengel, sie sind Boten aus einer anderen Welt, aber Boten für diese Welt. Die Menschen früherer Jahrhunderte haben sich Gott hoch über der Erde im Himmel vorgestellt. Das führte auch dazu, dass seine Boten den gewaltigen Abgrund zwischen Gott hoch oben im Himmel und uns Menschen tief unten auf der Erde überbrücken mussten. So hat die christliche Ikonografie Engel erschaffen als Menschen mit Flügeln, als Menschen, damit sie sich uns Menschen menschlich verständlich machen können, mit Flügeln, damit sie den Abgrund zwischen Gott und Mensch bewältigen können. Dieses himmlische Federvieh ist aber nur eine Vorstellungshilfe aus früheren Jahrhunderten und keine Vorstellungsverpflichtung für uns heute.

Die Erzengel haben symbolträchtige Namen: Michael bedeutet »Wer ist wie Gott?«, Raphael »Gott heilt«, Gabriel »Diener Gottes«. Immer steckt in ihren Namen der Zusatz El, die Kurzform für Elohim (die Gottesbezeichnung im Alten Testament). Mit ihnen kommt Gott ins Spiel.

Neulich sah ich das neue, bei einem Unfall völlig zerstörte Auto eines Studenten aus unserer Gemeinde. Aus diesem Haufen Schrott ist er, geschockt zwar, aber doch völlig unversehrt ausgestiegen. Hinter der geborstenen Frontscheibe an der

Rückspiegelhalterung baumelte noch sein Rosenkranz. Mein erster Gedanke: Der hatte einen guten Schutzengel. Das erinnert mich indirekt an tausendundeine Situation, in der ich selbst einen guten Schutzengel hatte.

Der Schutzengel ist kein gouvernantenhaftes Federvieh zur Kontrolle und Überprüfung unserer Unbotmäßigkeiten. Das Bild vom Schutzengel könnte zweierlei sein. Es ist ein Sehnsuchtsbild unserer Seele, dass wir bewahrt seien vor allem Bösen, das uns von außen bedroht, und ein Sehnsuchtsbild dafür, dass wir selbst gewissenhaft-innerlich gewarnt seien davor, anderen Böses anzutun. Es ist ein Sehnsuchtsbild unserer Seele, dass Gott ganz individuell einem jeden von uns einen Helfer, einen Ratgeber, einen Beschützer mitgibt auf den manchmal heillosen Wegen dieses gebrechlichen Lebens, damit wir den Weg zum Heil und zum Leben in Fülle finden.

Vor allen Spekulationen über Engel und über das Gesagte hinaus glaube ich aber ebenfalls, dass wir selbst Boten Gottes sein können, sein dürfen, sein sollen, eben Engel in Menschengestalt.

Wir brauchen in dieser Welt menschliche Schutzengel, also geist- und liebevolle Wesen für die Alten und Dementen, Schutzengel für die verhungernden, für die zur Abtreibung freigegebenen und die behinderten Kinder in einer satten und egozentrischen Welt. Wir sind Boten Gottes, die – auch ohne Flügel – die Schutzlosen unter ihre Fittiche nehmen können.

Wir brauchen auch menschliche Erzengel. Wo Auseinandersetzungen anstehen, da helfen keine Rauschgoldengel, sondern nur Erzengel, die mit erzener Haltung einstehen für die Wahrheit, die Gerechtigkeit und die Freiheit.

Wir brauchen menschliche Friedensengel, d.h. geist- und liebevolle Wesen an den verminten und mit Stacheldraht befestigten Demarkationslinien dieser Welt, Friedensengel vor den Ghettos, den Abschiebelagern und vor den Militärposten dieser Welt, Friedensengel an den Gartenzäunen zerstrittener Nachbarn.

Wir sind es, die Gottes Heilswillen, Gottes Güte, Gottes Menschlichkeit hörbar, sichtbar, verstehbar und erfahrbar machen können, machen dürfen und machen sollen. Auch wir sind Boten Gottes, mit einem mitfühlenden Herzen, mit hilfsbereiten Händen und mit einem geistvollen Hirn. Dann ist es auch gleich, ob diese Engel dick oder dünn sind, wenn sie nur durch dick und dünn mitgehen. Durch sie wird die Botschaft von Gottes himmelweiter und erdennaher Menschlichkeit sogar ganz ohne Worte in allen Sprachen dieser Welt verstanden.

Erntedank (1. Sonntag im Oktober)

Reife-Prüfung

Das Erntedankfest feiert die Kirche am ersten Sonntag im Oktober, zum Ende der Erntezeit. Gedankt wird für den keineswegs selbstverständlichen Ertrag der Felder, Gärten, Wälder und Gewässer, für den Ertrag auch der industriellen und wissenschaftlichen, der künstlerischen und literarischen Arbeit.

Auf dem Deckblatt meines Abiturzeugnisses stand noch in dicken Lettern: Zeugnis der Reife. Hat man bei uns freundlicherweise die Unreife übersehen, uns voreilig eine Reife attestiert, die uns möglicherweise heute noch abgeht? Der französische Schriftstellter Baron de Montesquieu (1689–1755) klagte: »Unglückliches Geschick der Menschen! Kaum ist der Geist zu seiner Reife gelangt, beginnt der Körper dahinzuwelken.« Daraus darf man nun nicht schließen, dass jeder, der sich körperlich schon etwas welk ausnimmt, auch die geistige Reife erreicht hätte. Manche Menschen sind so welk wie unreif. Was eigentlich ist Reife?

In der Botanik und im Pflanzenbau versteht man darunter den Zustand genuss-, verwendungs- oder lagerungsfähiger Früchte und Samen von Kultur- und Wildpflanzen. Bei den einzelnen Kulturpflanzenarten unterscheidet man verschiedene Stadien der Reife, zum Beispiel bei Getreide die Milchreife, Gelb- und Vollreife. Unter diesem Gesichtspunkt war mein Zeugnis der Reife wahrscheinlich nur ein Zeugnis der Milchreife.

Reife setzt Reifungszeit voraus. Wird die Reifezeit zu früh beendet, so bleibt der Ertrag gering. Der unreife Mitvierziger, so etwas gibt's, ist nicht nur wenig ertragreich, er ist auch wenig erträglich.

Wir alle müssen uns diese Zeit zum Reifen nehmen, was nicht heißt, dass man für den Schnuller bis zum Dreißigsten plädiert. Aber woran erkennt man Reife? Ich will dazu nur drei Beobachtungen anführen:

1. Bei den 18-Jährigen ist eines der Hauptthemen das Führerscheinmachen und die neu gewonnene Bewegungsfreiheit auf zumeist vier Rädern. Vielleicht zeigt sich die Reife jenseits dieses Neuheitserlebnisses nun darin, den Wagen stehen lassen zu können und auch weiterhin das Zufußgehen und das Fahrradfahren, wo immer möglich, zu praktizieren. Wer, weil er's kann, auch immer Auto fahren muss, der ist nicht reif, sondern nur mehr oder weniger gut bereift. Es geht um nicht weniger als dies: Degradieren Sie Heimat, d.h. den Ihnen anvertrauten Teil der Schöpfung, nicht zur Durchgangsstrecke. Entwerten Sie – vagabundierenden Trieben folgend – die Nähe nicht zugunsten der Ferne. Lassen wir die Schöpfung nicht unter die Räder des Unverstands kommen. Denn wir sind selbst nur Teil der Schöpfung und leben direkt hinter dem Auspuff und können auch unter die von uns selbst ins Rollen gebrachten Räder geraten. Schauen wir uns die Ränder unserer Schnellstraßen an, sie sehen aus wie das fleischgewordene oder fleischgewesene Inhaltsverzeichnis internationaler Artenschutzabkommen. Reife, scheint mir, wird heute erkennbar am treuhänderischen Umgang mit der Schöpfung. Reife wird erkennbar an der Fähigkeit, infantile Wunschvorstellungen von Mobilität zu durchschauen und zurückzunehmen. Reife wird erkennbar daran, dass wir Schöpfung als ungeschuldete Gabe begreifen und als geschuldete Aufgabe gestalten und bewahren.

2. Eine weitere Faszination unserer Tage geht von der vollverkabelten, vollvideotisierten, vollcomputerisierten Totalbebilderung aller Lebensbereiche aus. Nicht wenige Zeitgenossen, und nicht einmal nur die dümmsten, rasen per Fernbedienung Abend für Abend durch die Kanäle, praktizieren ein elektronikgestütztes und stammhirngesteuertes Trieb-

verhalten, ein Reizmustersuchen, das auch weitgehend großhirnfrei funktionieren könnte. Wir haben den Kanal schon zu lange zu voll. Beim Alkohol wissen wir inzwischen nicht nur mit Blick auf die Leber, dass Schluss sein muss. Bei der elektronischen Verbilderung hingegen kennen wir weder Maß noch Ziel und halten uns im Blick auf das Seelenleben für unbegrenzt belastbar. Wir lassen die Planierraupe der Unterhaltungsindustrie durch das Tuskulum unserer ureigenen Fantasie fahren, wühlen, pflügen und halten die in unserer Seelenlandschaft zusammengeschobenen Unterhaltungsmüllkippen für die Ornamentik gehobener Geistigkeit. Wir müssen uns von der Faszination des dröhnenden »Sounds« verabschieden, um die Faszination der Stille wieder zu entdecken; wir müssen den Weg nach außen und zu den Äußerlichkeiten zeitweise sperren, um den Weg nach innen und zu einer ernst zu nehmenden Innerlichkeit öffnen zu können. Carl Friedrich von Weizsäcker hat so etwas »asketische Weltkultur« genannt. Und das ist gerade nicht sauertöpfische Lebensverweigerung, nicht Verlust, sondern Gewinn von Lebensqualität. Menschliche Reife befähigte uns dazu, das (in des Wortes Doppelsinn) wahrzunehmen.

3. Schließlich möchte ich Reife noch für einen dritten Bereich reklamieren: Es gibt Menschen, die haben schon mit 20 Jahren »Gott und die Welt im Döschen« und sprechen, bis das Auftreten der Alzheimer-Krankheit sie dazu berechtigt, ihr »früh vollendetes Urteil«. Wenn jemand »Gott im Döschen« hat, ist es nicht Gott, den er im Döschen hat. Mich erinnern solche Menschen an die schon früh im Jahr zu sehenden notreifen Äpfel. Man kann darauf wetten: Nahezu immer ist da der Wurm drin. Wer meint, zur abschließenden Beurteilung der Frage nach Gott und der Welt reiche die eigene »zerebrale Festplatte« aus, der bringt vielleicht doch nur sein Brett vorm Kopf zur Sprache. Die Frage nach Sinn und Zweck dieser Welt und des Menschen darin ist offen, auch wenn man sie in Mekka, im Vatikan oder bei der Weltbank für beantwortet hal-

ten sollte. Die Frage ist offen, wie ich meine, auf Gott hin offen, auf ganz persönliche Erfahrungen mit Gott, die Sinn und Zweck dieses Welttheaters etwas erhellen könnten. Was nötig ist, ist die Fähigkeit des wiederholten sorgfältigen Hinsehens, des geduldigen erneuten Nachdenkens. Den Wehrdienst zur Verteidigung der Nachdenklichkeit in der Uniform der Geduld sollten wir nicht verweigern. In dieser nachdenklichen Distanz zur bloßen Tagesaktualität, im geduldigen Fragen nach Gott und auch noch im zugegebenen Überfragtsein, da vermag ich Reife zu erkennen. Wenn uns das gelänge, reif zu werden im Umgang mit der Schöpfung, reif zu werden im Umgang mit den technischen Möglichkeiten und reif zu werden für die grundlegende Frage nach Gott und der Welt, dann könnte uns am Ende jemand anders ein bleibendes Zeugnis der Reife ausstellen.

Weltmissionssonntag
(letzter Sonntag im Oktober)

Geschickte Gesandte?

»Jeder soll nach seiner eigenen Façon selig werden.« So lautet nach Volkes Meinung der erste Satz des neuzeitlichen Toleranzedikts. Es stammt von dem leider gar nicht so toleranten Friedrich II. von Preußen (1712–1786). Und der zweite Satz des Toleranzedikts lautet: »Alle Religionen sind gleichwertig, und Missionieren ist etwas ganz Schlimmes.« Am vierten Sonntag im Oktober begeht die Kirche den Weltmissionssonntag. Ist das nicht peinlich? Ist das nicht ein Verstoß gegen die Toleranz?

Nun steht aber im Neuen Testament der unübersehbare Missionsauftrag des Auferstandenen an seine Jünger (Mt 28,18–20): *»Mir ist alle Macht gegeben im Himmel und auf der Erde. Darum geht zu allen Völkern und macht alle Menschen zu meinen Jüngern; tauft sie auf den Namen des Vaters und des Sohnes und des Heiligen Geistes, und lehrt sie alles zu befolgen, was ich euch geboten habe. Seid gewiss: Ich bin bei euch alle Tage bis zum Ende der Welt.«*

Jeder soll nach seiner Façon selig werden, und Missionieren ist etwas ganz Schlimmes? Dazu stellen sich mir ein paar Fragen: Wenn in einer Religion hochrangige Vertreter zum Mord an einem religionsabtrünnigen Schriftsteller aufrufen, muss man das im Namen der Toleranz unbeanstandet lassen? Wenn bestimmte Gruppierungen einer Religion den Ehrenmord pflegen, also gestatten, dass man ein Familienmitglied umbringt, weil es zum Beispiel ein ausschweifendes Sexualleben führt, muss man das im Namen der Toleranz unbeanstandet lassen? Wenn bestimmte Gruppierungen einzelner Religionsgemeinschaften dazu aufrufen, sich einen Sprengstoffgürtel umzubinden und die Ungläubigen in den Tod, sich selbst aber damit ins Paradies zu bomben, muss man das im Namen der Toleranz unbeanstandet lassen? Wenn bestimmte Religionsgemeinschaften Genitalverstümmlungen an ihren Mädchen vornehmen, muss man das im Namen der Toleranz unbeanstandet lassen? Wenn bestimmte Gruppierungen von Religionen zum Heiligen Krieg aufrufen, muss man das im Namen der Toleranz unbeanstandet lassen? Wenn bestimmte Religionen die prinzipielle Ungleichheit der Menschen propagieren und in einem vier- oder mehrgliedrigen Kastenwesen gesellschaftlich zementieren, muss man das im Namen der Toleranz unbeanstandet lassen? – Nur unsere eigenen Wert- und Glaubensvorstellungen müssen wir im Namen derselben Toleranz vakuumverpackt und blickdicht ins Gefrierfach des Vergessens wegsperren?

Nun zweifle ich nicht im Mindesten, dass die christlichen Kirchen viele dieser Grässlichkeiten in ihrer Geschichte auch begangen haben. Aber legen wir nicht größten Wert darauf, dass das überwunden ist? Vielleicht gibt es nur wenige Fehler, die christliche Missionare nicht schon gemacht hätten, aber deshalb ist doch nicht die Mission selbst ein Fehler.

Kirche ohne Mission ist nicht christlich. Die erste Mission aber ist die im eigenen Innern, sich selbst messen und messen lassen am Maßstab Jesu. In dieser Welt und in dieser Kirche ist gerade deshalb Schreckliches passiert, weil Christen ihre eigene innere Mission nicht ernst genommen haben.

Es hat wohl den eurozentrischen Überlegenheitsdünkel in der Missionsarbeit gegeben und gibt ihn hier und da wohl noch immer. Aber heute sind indigene Kulturen auf dieser Welt eher vom euroamerikanischen Konsumterror, von einer ausbeuterischen Petrochemie, von der Abholzung der Regenwälder, von einer brachialen Tourismusindustrie einschließlich ihres Sextourismus, von Rohstoffausbeutung etc. bedroht als von den Missionaren der christlichen Kirchen. Wenn es heute darum geht, zum Beispiel die Indianer Mittelamerikas oder die Indios Südamerikas gegen willkürliche staatliche Übergriffe, Landenteignung und Vertreibung zu schützen, dann stehen dort die Missionare in der ersten Reihe und riskieren selbst Kopf und Kragen.

Was heißt Mission historisch? Die Missionsmuseen, in denen die Missionare die Kulturen dokumentierten, in denen sie tätig waren, sind älter als die heutigen Völkerkundemuseen. Manche schriftlosen Kulturen sind erst durch christliche Missionare zur Schrift und damit zur Bewahrung ihrer kulturellen Traditionen gekommen. Ohne die Missionare wüsste man rein gar nichts mehr von ihrer Vergangenheit.

Was heißt Mission wirtschaftlich? Die Absatzmärkte für fair gehandelte handwerkliche, landwirtschaftliche und künstlerische Produkte aus Asien, Afrika und Lateinamerika, die christliche Missionare und Entwicklungshelfer in Europa geöffnet haben, haben sie nicht von Aldi, Plus und Lidl geschenkt bekommen.

Was heißt Mission politisch? Wenn ein selbst ernannter Welterlöser, und sei es der mächtigste Präsident dieses Globus, noch dazu mit mittelalterlicher Kreuzzugsrhetorik zu einer Art Heiligem Krieg gegen die Achse des Bösen und die Mächte der Finsternis aufruft, dann wird ihm von einem alten und sterbenskranken Papst nach allen Regeln der christlichen Kunst und vor der versammelten Weltöffentlichkeit der Kopf gewaschen und der Bart gestutzt. Auch das ist christliche Mission und die Mission des Christseins.

Was heißt Mission privat? Ich darf und soll meine ganz persönliche Sendung als Christ wahrnehmen und wahr machen in der hautnahen und weltweiten menschlichen Solidarität, im vom Herzen kommenden und zum Herzen gehenden Gebet.

Wenn wir Christen von der Gleichheit aller Menschen vor Gott sprechen, in Mann und Frau das Abbild Gottes sehen, dann ist die Diskriminierung und die Degradierung des Menschen aufgrund des Scheckbuchs, des Parteibuchs oder des Taufbuchs prinzipiell nicht hinnehmbar. Denn Missionare, die an die Menschwerdung Gottes glauben, können keine Abstriche machen, wenn die Menschlichkeit des Menschen mit Füßen getreten, wenn Menschwerdung des Menschen behindert wird. Mission heißt Sendung und kommt vom lateinischen *mittere* – schicken, senden. Missionare sind Gesandte Gottes. Bitten wir Gott, dass wir geschickte Gesandte seiner Menschenfreundlichkeit sind und werden.

Reformationstag
(31. Oktober)

Missionsreform – Reformmission

Der Weltmissionssonntag wird in der katholischen Kirche in Deutschland am letzten Sonntag im Oktober begangen (sonst am vorletzten Sonntag im Oktober). Und es kommt vor, dass dieser Tag genau auf das Reformationsfest der Protestanten fällt. Wer missioniert hier wen, wer reformiert hier wen? Leider, so scheint mir, wird weder hüben noch drüben missioniert und reformiert. Könnten Sie von sich sagen: Dieser oder jener ist auch durch mich Christ geworden? Meine Mission ist es, Menschen für Christus zu gewinnen? Ich sehe es als meine Mission an, die katholische Kirche auf Christus hin zu reformieren? Ich sehe es als meine Mission an, die reformierte Kirche auf Christus hin zu missionieren? Meine Mission ist es, traditionalistische Katholiken zu evangelisieren, religiös privatisierende Protestanten zu katholisieren?

Wir, Evangelische wie Katholische, leisten uns eine geradezu peinliche Geistlosigkeit und Untätigkeit. Ein paar Beispiele: Wir schließen derzeit sang- und klanglos Hunderte von Kirchen in unserem Land, während gleichzeitig die Muslime mit Hunderten von Millionen Euro aus dem Nahen Osten, also mit gut »geöltem Geld«, in unserem christlichen Abendland Hunderte von Moscheen bauen. Als wir nach dem Krieg bettelarm waren, haben wir Hunderte von Kirchen gebaut. Jetzt, wo wir stinkreich sind, schließen wir Hunderte von Kirchen. Wir bauen die Banken und Versicherungen zu Tempeln aus und sehen in den Kirchen nur noch Kostenfaktoren. Haben wir den Gott Jesu Christi gegen den Götzen Mammon getauscht? Da muss doch ein schwerwiegender Schaden an Herz, Hirn und Hand vorliegen, eine selbst verschuldete Mehrfachbehinderung sogar bei den Mitraträgern. Der lateinamerikanische Bundesligaprofi, der nach einem furiosen Solo mit glänzendem Torschuss sein Trikot lupft und die Parole auf dem Unterhemd erkennbar werden lässt: »Ich siege mit Christus«, der fliegt im Wiederholungsfall vom Platz, weil er angeblich den sozialen Frieden stört. Es ödet mich auch an, wenn der 1037. Prominente, um sich selbst interessant zu machen, sagt, dass er auch früher einmal Messdiener war, anstatt zu sagen, dass er noch heute oder auch erst seit heute Christ ist oder zu sein versucht. Zu schlechter Letzt: Vor einigen Jahren mussten im katholischen Bayern auf höchstrichterliche Anweisung hin die Kreuze aus den Schulen entfernt werden, weil ein Elternpaar es für unzumutbar hielt, dass sein Kind das Zeichen vor Augen hat, das für weit mehr als ein Jahrtausend dem Abendland Geist und Moral, Hoffnung und Tatkraft vermittelt hat. – Gewiss ist mit dem Christentum auch Schindluder getrieben worden. Aber erst wir haben das Christliche zum Musealen verkommen lassen, das man nicht mehr und das einen nicht mehr mit Leben füllt. Museales kann man aber in die Obhut von Denkmalschützern und Museumswächtern geben. Wir haben ein christliches Profil, das stark an die Konsistenz von Wackelpudding auf dem heißen Autodach bei kurviger Streckenführung erinnert.

Wenn wir nicht heute das Christliche des Abendlandes weiter ausgestalten, müssen wir uns nicht wundern, wenn morgen das Abendland Morgenland ist. Wir Christen versinken mehr und mehr in einer religiösen Amnesie, und der erteilen wir noch Amnestie. Und diese hochnotpeinliche Konzeptlosigkeit, diese fantasiefeindliche Geistlosigkeit stilisieren wir noch zur Tugend hoch, wollen wir sogar noch für Toleranz ausgeben? Toleranz kommt von lateinisch *tolerare* und bedeutet tragen und ertragen. Nur wer den scheinbar untragbaren anderen tragen und den scheinbar unerträglichen anderen ertragen kann, der ist seinerseits ertragreich, nur der ist wirklich tolerant. Wir passen uns bis zur Unerkennbarkeit an den Zeitgeist an und das, obschon beides, Missionieren und Reformieren, keineswegs eine fakultative Beschäftigung für Christen ist, die zu viel Zeit und Leerlauf haben.

Ich meine mit Missionieren allerdings nicht die Typen, die sich wie die Kletten mit ihren intellektuellen Billigtraktätchen an einen anhängen und nicht mehr abzuschütteln sind. Ich meine mit Reformieren nicht die Typen, die in atemloser Welterlösungshektik und geschichtsvergessen von einem kurzatmigen Reförmchen zum nächsten hetzen. Wenn ich missionieren, d.h. senden will, dann muss ich zuvor selbst auf Empfang gehen für die Sendung Gottes. Diese Sendung Gottes ist keine Sendung zu verhuschter Kleingeisterei oder vollmundiger Poltergeisterei. Sie ist eine geistliche Sendung, also eine Sendung für Menschen mit Geist. Sendungsbewusstsein entsteht nur da, wo ich bei vollem und klarem Bewusstsein die Sendung Gottes aufnehme, wo ich geistvoll, d.h. von seinem Geist voll, aufnehme, wohin, wann und wie er, nämlich Gott, mich senden will. Und so viel ist sicher: Jeder Mensch, jeder Christ hat eine Mission, die nur er ausführen kann, die ihm auf den Leib geschrieben, ihm in den Geist eingeschrieben ist.

Reformation heißt, die ursprünglich vorhandene oder ursprünglich gedachte Form der Christlichkeit wiederfinden. Wir müssen uns reformieren, d.h. an der Form orientieren, die Christus uns als Idealform des Menschseins aufgezeigt und vorgelebt hat. Reformieren heißt, sich an der Christusförmigkeit orientieren, sich auf Christus hin umformen lassen. Nur wer an sich dieses Reformieren zulässt, wird auch zum Missionieren taugen. Und wer sich auf das Missionieren einlässt, wird zum ständigen Reformieren genötigt.

Es ist gut, wenn der Reformationstag und der Weltmissionssonntag immer wieder einmal zusammenfallen. So kommt uns wenigstens ab und zu wieder in den Sinn, dass wir nur durch Missionieren und Reformieren uns und diese Welt – zu unserem und ihrem Heil – christianisieren können.

Allerheiligen (1. November)

Von allerlei Heiligen

Der triste Monat November beginnt mit dem Fest Allerheiligen und birgt im weiteren Verlauf die Gedenktage allerlei Heiliger und Seliger, die uns wie Lichtgestalten auf den grauen Wegen begleiten: Rupert Mayer, Karl Borromäus, Martin von Tours, Albertus Magnus, Elisabeth von Thüringen, Niels Stensen etc. Aber wie und was sind Heilige?

Heilige, so sagt das Kirchenrecht, sind Menschen, *»die dem Vorbild Christi besonders gefolgt sind und durch das Vergießen ihres Blutes (Märtyrer) oder durch heroische Tugendübung (Bekenner) ein hervorragendes Zeugnis für das Himmelreich abgelegt haben«*. Die Wahl zwischen heroischem Sterben und heroischen Tugendübungen, das ist für die meisten Zeitgenossen keine sehr verlockende Alternative.

Seit dem 19. Jahrhundert gibt es das Wort vom Tugendbold. Es ist eine Parallelbildung zum Trunkenbold oder Raufbold. Der Tugendbold ist offenbar wie der Rauf- oder Trunkenbold ein Mensch mit einer unangenehmen Eigenschaft. Aber was ist an Tugend unangenehm? Vielleicht fehlt es dem Tugendbold vor lauter Tugendhaftigkeit an Lebenstüchtigkeit. Vielleicht erscheint er dem Durchschnittsmenschen als ein schräger Vogel, als ein sonderbarer oder seltsamer Heiliger. Vielleicht reitet er als Prinzipienreiter alle praktikablen Modelle und Lösungen zu Tode.

Heilige sind Menschen und keine Übermenschen. Sie legen es nicht auf selbstmörderisches Blutvergießen an und messen die Tugendhaftigkeit nicht mit der Apothekerwaage nach. Es gibt bei ihnen Menschliches und Menschlich-Allzumenschliches. Es gibt unter ihnen Dumme und Kluge, Blutjunge und Uralte, Konservative und Progressive. Ich will einmal mit einigen Sprüchen und Redensarten zu erklären versuchen, was Heilige sind.

»*Erst kommt das Fressen und dann die Moral.*« Das meinte Bertolt Brecht (1898–1956), obschon kaum ein Autor in seinen Stücken mehr Moralin ans Volk verfüttert hat als er. »Erst kommt das Fressen und dann die Moral.« Das sagen die, denen die Moral nichts mehr bedeutet, wenn es um ihr Fressen geht. – Das sagt vielleicht aber auch ein Heiliger, wenn es darum geht, Hungerleider nicht theoretisch über Moral zu belehren, bevor man ihnen zu essen gibt. Er hat nichts gegen Moral als solche, sondern versucht die Moral praktisch zu lehren durch eine Menschlichkeit, die bei der Ernährung der Hungerleider beginnt.

»*Man lebt nur einmal.*« Das sagt der Egoist. Und weil ich nur einmal lebe, will ich mir nichts von dem entgehen lassen, was mein Leben angenehm macht, selbst wenn es auf Kosten anderer oder der Allgemeinheit geht. Ich sorge für mich und bin niemandem Rechenschaft schuldig. – Das sagt aber auch ein Heiliger. Und weil ich nur einmal lebe, kommt es darauf an, dass ich jede Gelegenheit zum Guten, die sich mir bietet, auch nutze; denn jede Stunde ist unwiederbringlich wichtig, und ich werde einmal Rechenschaft ablegen müssen. Ich bin mir selbst, den anderen und Gott Rechenschaft schuldig für mein Tun und Lassen.

»*Wir kommen alle, alle, alle in den Himmel.*« Das war vor vielen Jahren und ist noch immer ein scheinheilig-fröhlicher Karnevalsschlager, gesungen von Willi Millowitsch (1909–1999).

»Wir kommen alle in den Himmel.« Das sagen die, die es sich gern gut gehen und die den Herrgott gern einen guten Mann sein lassen, nach dem Motto: »Sieh das mal alles nicht so eng mit den Vorschriften und Gesetzen, mit der Religion und mit der Moral.« Wer in allem den Kölschen Leitspruch bemüht: »De Herrjott is ja nidde so«, dem könnte es auch an existenziellem Ernst fehlen. – »Wir kommen alle, alle, alle in den Himmel.« Das sagen aber vielleicht auch die Heiligen, weil sie davon überzeugt sind, dass Gottes Güte allumfassend ist. Und wenn Gott auch das Gelingen und Misslingen selbst im Großen und im Kleinen sieht, ist er doch nicht so kleinkariert wie manche Moralisten, ist er doch kein Kleinigkeitskrämer, kein Pfennigfuchser und kein Mäuseköttelspalter.

Denn nicht unsere moralische Perfektion und ethische Großartigkeit retten uns, sondern allein der Gott einer allumfassenden Barmherzigkeit und Menschlichkeit.

»Kann denn Liebe Sünde sein? – O nein!« So sang Zarah Leander (1907–1981) vor Jahrzehnten. Liebe könne keine Sünde sein, das sagen die einen, die gern ihre sexuelle Libertinage – als Liebe bezeichnet, zur Liebe deklariert – sanktioniert wissen möchten. – Das sangen und sagen aber auch die Heiligen: die den hungernden Kriegsgefangenen zu essen gaben und darum vor Tribunalen wegen Feindbegünstigung zum Tode verurteilt wurden; die, die unmenschliche Gesetze umgingen oder brachen, um der Menschlichkeit zu ihrem Recht zu verhelfen, seit Antigone in der Antike bis zu Mandela in der Moderne, vom ältesten Altertum bis zur neuesten Neuzeit.

Heiligen ist nichts Menschliches und auch nichts Menschlich-Allzumenschliches fremd; aber sie gestalten und interpretieren es im Licht des Göttlichen. Heilige sind auch nur Kinder ihrer Zeit und besitzen doch zugleich Bürgerrecht für die Ewigkeit.

Heilige sind Menschen, die für Gott wirken. Heilige sind Menschen, die Gott an sich wirken lassen. Heilige sind Menschen, die, weil sie Gott an sich wirken lassen, für Gott wirken können.

Heilige sind so eine Art »überzeitliche und transnationale Eingreiftruppe Gottes«, denn sie tauchen auf – und taugen auch – zu allen Zeiten und Orten dieser Weltgeschichte. Die Heiligen, das ist eine Sorte Mensch, die für Gott Partei ergreift um des Menschen willen und die für den Menschen Partei ergreift um Gottes willen. Sie könnten dazugehören!

Allerseelen (2. November)

Mahlzeit

Vor Kurzem durfte ich die kirchliche Hochzeitsfeier zweier ehemaliger Studenten gestalten. Sie hatten bei mir vor gut einem Jahr ihre Examina gemacht und stürzten sich gerade mit viel Enthusiasmus, Idealismus und Kreativität in den Lehrerberuf am Gymnasium. Alles passte so gut, ihr herzliches Miteinander, die neuen Stellen, der neue berufliche und persönliche Lebensabschnitt lag wie ein verheißungsvolles Land vor ihnen. Wenige Tage nach der Feier rief der junge Mann an und teilte mir mit, dass sein Vater, der auch als Diakon tätig war, ganz plötzlich an Herzversagen gestorben sei. Und nun durfte ich mit denselben Menschen, mit denen ich noch gerade die Fröhlichkeit und Heiterkeit des Neuanfangs und Neuaufbruchs geteilt hatte, die Traurigkeit und Verzweiflung teilen. »Himmelhoch jauchzend – zu Tode betrübt«, das ist, auf wenige Tage konzentriert, die ganze Bandbreite unseres Lebens.

Wenn ich meine Jahre im Dienst der Kirche ein wenig Revue passieren lasse, dann erinnere ich mich an viele solcher dramatischen Kontrastprogramme. Ich denke an Kinder, denen der Geburtstag schon zum Todestag wurde, an Menschen, denen der Begräbnistag eines Angehörigen selbst zum Sterbetag wurde, an Jugendliche, die vom Jubel ihrer Abiturfeier in den Tod fuhren, an Menschen, die am Tag vor der Goldhochzeit starben. Plötzlich, mitten im lauten Jubel wird's totenstill, mitten in der Helle des Lebens wird's todesdunkel.

Wir Christen feiern nicht einen Schönwettergott, der an den grau verhangenen Tagen nichts zu bieten hat, der in den Stürmen und Finsternissen unseres Lebens zum Totalausfall wird.

Wir Christen fürchten auch nicht einen lebensfressenden Moloch, einen unberechenbaren Blitze-Schleuderer, der wahllos zuschlägt und seine Opfer sucht, den man irgendwie besänftigen müsste. Der Dichter und Pfarrer Lothar Zenetti hat unsere prekäre menschliche Situation und ihre paradoxe Logik so in Verse gefasst:

Wir sind mitten im Leben
zum Sterben bestimmt
was da steht, das wird fallen
Der Herr gibt und nimmt

Alles, was der Herr und Gott uns nimmt, hat er uns zuvor gegeben. Auch den geliebten Menschen hat er uns nur auf Zeit, auf seine oder unsere Lebenszeit als unverfügbare Gabe und Aufgabe anvertraut. Wir sind einander Gabe und Aufgabe, wir sind und bleiben füreinander eine einzigartige, aber unverfügbare Gottesgabe. Die Kirche vertraut auf die trotz des Todes unwiderrufene und ungebrochene Liebe Gottes zum Menschen und betet in der Totenmesse: »*Deinen Gläubigen, o Herr, wird das Leben gewandelt, nicht genommen; und wenn die Herberge der irdischen Pilgerschaft zerfällt, ist uns im Himmel eine ewige Wohnung bereitet.*« So macht sie aus einer Messe mit dem trauernden Blick auf den Toten eine Messe mit dem hoffnungsvollen Ausblick auf den Auferstandenen. Zenetti sagt das so:

Wir gehören für immer
dem Herrn, der uns liebt
was auch soll uns geschehen
er nimmt und er gibt

Maßstab von Gottes Nehmen und Geben ist die Liebe. Wir Christen verehren den menschlich mitfühlenden und mitgehenden Gott, den von der Wiege bis zur Bahre mitlebenden, mitleidenden, ja sogar mitsterbenden Gott. Alles Menschliche ist ihm vertraut; nichts Menschliches und Menschlich-Allzumenschliches zwischen dem Geburtsschrei im Stall und dem Todesschrei am Kreuz ist ihm fremd.

Aber das, was uns fremd, was uns menschlich zutiefst befremdlich ist und bleibt, das Sterben, das macht er uns, indem er es durchlebt, vertraut. Seit Ostern haben wir eine Ahnung davon, dass weder das Krematorium noch das Grab die letzte Adresse ist.

Lothar Zenetti fasst das so in seine Verse:

Wir sind mitten im Sterben
zum Leben bestimmt
was da fällt, soll erstehen
Er gibt, wenn er nimmt

So paradox ist unser Dasein: Im Leben sind wir zum Sterben und im Sterben sind wir zum Leben bestimmt.

Die Bibel benutzt, um uns den Himmel anschaulich, ja schmackhaft zu machen, das Bild vom himmlischen Hochzeitsmahl. Bei irdischen Hochzeiten kann – wie bei der zu Kana in Galiläa – der Wein ausgehen. Nach den irdischen Hochzeiten kann uns die Liebe ausgehen. Das himmlische Hochzeitsmahl hingegen ist Synonym für eine unausschöpfbare Fülle, für eine unzerstörbare Freude und für eine unwiderrufbare Liebe.

Der so kurz nach der Hochzeit verstorbene Vater ist nur vom irdischen zum himmlischen Hochzeitsmahl weiter- und den Seinen vorausgegangen. Und das ist nicht der Weg von der Fülle des Lebens durch Not zum Tod. Das ist der Weg aus der Not der Zeit in die Fülle der Ewigkeit.

In der tiefen nächtlichen Dunkelheit vom Karsamstag zum Ostersonntag wird die Osterkerze entzündet und als Symbol für den Auferstandenen in die nächtlich verdunkelte Kirche getragen. Und in ihrem Licht und zum Lobpreis dieses Lebenslichtes wird dann – eine der vornehmsten Aufgaben des Diakons – das Exsultet gesungen. Der Verstorbene hatte diese Aufgabe geliebt und mit Herzenslust im Exsultet die Lebenshoffnung besungen. Wir müssen nur je neu in die Stille und Finsternis der Osternacht hineinlauschen und hineinspähen, denn da wird der Weg zum Leben so besungen und ausgeleuchtet, dass auch wir, die Geladenen, zum Hochzeitsmahl hinfinden, an dem alle Not ein Ende hat.

Friedhof

Man mag den 11. November (es war der Tag vor dem ehemals vierzigtägigen adventlichen Fasten) noch so sehr als Karnevalsbeginn begehen, auch und sogar im Rheinland dominieren die Themen Endlichkeit, Sterben und Tod den November. Allerheiligen, Allerseelen, Toten- oder Ewigkeitssonntag, Christkönigsfest, so heißen die über die brüchige Zeit hinaus- und auf Ewigkeit hinweisenden Gedenktage.

Was tun wir da fröstelnd auf den Friedhöfen und bei den Ehrenmalen der Gefallenen an Allerheiligen, Allerseelen, Totensonntag? Es ist ja nicht nur die feuchte Kühle dieser Jahreszeit, die uns frösteln macht, sondern auch die Kreuze, kalte, bemooste Grabeinfassungen zur Umfriedung des letzten Grundstücks und Steine mit mehr oder weniger hohem Symbol- und Erinnerungsgehalt.

Das klinische Wörterbuch »Pschyrembel« sagt beim Stichwort »Sterben« ganz lapidar: »Vorgang des Erlöschens der Lebensfunktionen bis zum Tod«. Und wenn man dann unter »Tod« nachschlägt, steht da zu lesen:

»Ende des Lebens von Individuen; medizinisch beschrieben als Abfolge irreversibler Funktionsverluste des Atmungs-, Kreislauf- und Zentralnervensystems; verläuft im Allgemeinen in drei Phasen:

1. Klinischer Tod: völliger Kreislaufstillstand ... mit potenziell reversibler (durch Reanimation) Aufhebung jeder Großhirnaktivität;

2. Hirntod: irreversibler Ausfall sämtlicher Hirnfunktionen (auch von Klein-, Mittel- und Stammhirn) gilt als Kriterium für den Tod des Individuums;

3. biologischer Tod: Aufhören aller Organ- und Zellfunktionen.«

Das war es dann? Die, die wir auf den Friedhöfen besuchen, haben alle drei Phasen hinter sich; und wir haben alle drei Phasen vor uns.

Auf den Friedhöfen liegt unsere Vergangenheit in Gestalt derer, die mit uns gegangen und dann von uns gegangen sind – eine zugeschüttete Vergangenheit.

Auf den Friedhöfen liegt unsere Zukunft in Gestalt der Gräber, die noch zu öffnen sind, auch für uns – eine noch nicht eröffnete Zukunft.

Und zwischen unserer Vergangenheit und unserer Zukunft begegnen wir uns selbst, begegnen wir auf dem Friedhof unserem sterblichen Ich, mitten im Hier und Heute.

Ich entsinne mich eines quälenden Falles in meiner Zeit als Dorfpastor. Da gab es auf einem Flurstück, das er von der Kirche günstig erworben hatte, einen Friedhofsanrainer. Als der alte Friedhof erweitert werden musste und die Grenzen seinem Grundstück näher rückten, musste auch eine alte blickdichte Hecke fallen. Die neue Hecke tat sich wegen gefräßiger Engerlinge schwer beim Anwachsen. So schaute der Anrainer täglich auf Gräber und manchmal mehrfach wöchentlich auf einen Leichenzug zum offenen Grab. Da begann der Anrainer, der einen guten Draht zum Landschaftsverband hatte, einen unglaublichen administrativen Terror zu entfalten. Er ließ Bodenproben vom Friedhof bakteriell untersuchen, klagte wegen des für einen Friedhof angeblich zu hohen Grundwasserstandes, ließ das Wasser eines Bächleins, das am

Friedhof entlanglief, beim Ein- und Auslauf auf Keime prüfen etc. Erst als wir mit hohen Kosten eine schon herangewachsene Taxushecke umsetzten, die ihm den Blick in seine eigene Zukunft, den Blick auf das auch ihm offen stehende Grab ersparte, gab er wieder Ruhe. Er hatte offenbar eine Heidenangst vor dem Tod.

Uns Christen steht eine solche Heidenangst vor dem Tod nicht gut zu Gesicht. Die Alten in vorchristlicher Zeit dachten an ein »Reich der Schatten«, an den Hades, an die Scheol in den Tiefen der Erde, wenn sie an den Tod dachten. Doch auch der Schatten im Schattenreich bedarf zu seiner Entstehung noch immer des Lichtes von oben. Den Alten ging es wie uns. Sie glaubten an eine Resthelligkeit noch im Dunkel des Todes. Menschen lassen sich offenbar nicht mit totaler Hoffnungslosigkeit abspeisen. Selbst der, der sich in tiefer Verzweiflung das Leben nimmt, weil er es nicht mehr erträgt, tut es ja, weil er glaubt, dass es hernach besser sein werde als jetzt.

Reiner Kunze, der 1977 aus der ehemaligen DDR in den Westen übersiedelte Dichter, hat mit seinen Gedichten immer wieder die angebliche Allmacht des Nichts im Tod kritisiert. So hat er indirekt diesen gewachsenen Fels, dieses anthropologische Urgestein menschlicher Hoffnung freigelegt.

Geburtstagsbrief

Und noch dann betrügen wir uns selbst, wenn wir sagen:
Auge in auge mit dem nichts
Das nichts blickt nicht
Wir sind nichterblickte
Und nicht angeblickte, blicken wir nicht
einander an
Reiner Kunze

Als Christen glauben wir, dass wir nicht nur dann Angeblickte sind, wenn wir Menschen einander anblicken. Denn zu denen, die einander menschlich anblicken, gehört auch der Mensch gewordene Gott. Wir sind sehnsuchts- und erwartungsvoll Erblickte, menschliche Augen-Blicke Gottes.

Was tun wir auf dem Friedhof? Gewiss, wir setzen uns der eigenen existenziellen Fraglichkeit aus. Aber wir bepflanzen die Gräber auch, d.h. wir setzen über dem Tod und über dem Toten blühendes Leben aus. Wir beleben den Ort für die Toten. Wir stellen Lichter auf die Gräber. Wir lassen es über dem Dunkel des Todes hell werden. Und auch wenn wir uns nicht für Sterben und Tod erwärmen können, wir lassen es angesichts der Kälte des Todes mit unseren Grablichtern wärmer werden.

Und dann sehe ich mit leisem Schmunzeln, wie die angeblich so Hoffnungslosen in die Fußspuren der Hoffenden tappen, weil sie nichts haben, womit sie ihre Hoffnungslosigkeit adäquat zum Ausdruck bringen können.

Wir Christenmenschen hinterlassen mit unseren Zeichen am Grab Lebenszeichen gegen den Tod. Wir lassen das uns in der Osternacht aufgegangene Licht, das Licht der Hoffnung, selbst auf dem Grab und gerade auf dem Grab nicht erlöschen und nicht erkalten.

Und dann setzen wir Christen denen, die glauben, der Tod sei das Eingehen ins Nichts, sei »nichts als Nichts«, das christliche Bekenntnis zum Leben entgegen: Der Tod ist nicht das Eingehen und Ableben ins »nichts als Nichts«, sondern das Aufgehen und Aufleben im »mehr als alles«, in Gott.

Christkönig und Totensonntag
(Sonntag vor dem 1. Advent)

Radfahrstunde

Das Jahr geht in seinen letzten Monat, das Kirchenjahr in seine letzte Woche. Totensonntag steht zur Markierung des letzten Sonntags im Kirchenjahr im evangelischen Kalender, Christkönig im katholischen. Es gibt Lichtjahre, Hundejahre, Seuchenjahre und Fahrradjahre. Von letzteren will ich erzählen.

Morgens, wenn ich mich mit dem Rad auf den Weg zur Uni mache, ist es zu dieser Jahreszeit noch immer dunkel; und abends, wenn ich heimkomme, schon wieder. Dazwischen liegt ein Tag vollgestopft mit tausendundeiner Aufgabe. Nichts als Novembertristesse? Ist so unser Leben: Aus dem Dunkel des Woher, durch die hektische Helle des Hier und Jetzt und wieder ins Dunkel des Wohin, aus dem Nirgendwo ins Irgendwo und wieder ins Nirgendwo?

Noch im Frühjahr freute ich mich, dass es Tag für Tag bei der morgendlichen Hinfahrt eher und mehr aufhellte und dass es bei der abendlichen Heimfahrt später und später verdämmerte. Da ging alles aufwärts, mit dem Licht, mit dem fantastischen Grün der Blätter und dem atemberaubenden Duft der Blüten und dem betörenden Gesang der Vögel. Dann waren da lange Sommertage, die der Nacht fast keine Chance ließen. Und selbst die Regentage waren warme Segentage. Aber der November?

Einmal erlebte ich, dass nach dem Sonntagsgottesdienst in einem Nachbardorf noch eine liebenswerte Gruppe »blöder Laien mit Blödeleien« um mein Fahrrad herumstand. War der

Gottesdienst zu fromm gewesen, sodass sie sich wieder in den Normalzustand zurückversetzen mussten? Wahrscheinlich war es nur der nahe 11. November, an dem im Rheinland der Normalzustand außer Kraft gesetzt ist. Ich hatte angesichts des zweifelhaften Novemberwetters eine Plastiktüte über den Sattel gestülpt. Als ich sie entfernte, meinte einer, das sei wohl die Ausgangsidee für das Cabriodach gewesen. Eine junge Frau schlug vor, ich solle die Tüte nun am besten auf den Kopf setzen, da mein kapitaler Bedeckungsgrad stark reduziert sei. Als ich auf ihre volle Haartracht anspielend meinte, meine Halbglatze garantiere, dass ich hinter den Ohren weit eher trocken sei als sie, ließen sich die Spötter keineswegs einschüchtern. Einer wollte wissen, warum mein Rad hinten und vorne einen Gepäckträger besitze, ob das Gewicht meiner Predigten das erfordere. Ich versicherte ihm daraufhin, dass sei wie beim barmherzigen Samariter blanke Nächstenliebe, damit ich ihn, wenn er unter die Räuber gefallen am Wege liege, auf mein Lasttier heben und in die nächstliegende Kneipe bringen könne.

Die gute Federung meines Sattels wurde mit der Angst vor Rückstößen im Leben in Verbindung gebracht. Ich konnte glaubwürdig versichern, dass sich die möglichen Rückstöße schadstoffarm, relativ abgasfrei und in jedem Fall höchst umweltverträglich abspielten. Außerdem konnte ich zweifelsfrei klären, dass ich mein Geld zwar nicht mit dem Hintern, wohl aber häufig auf demselben verdiene und diesen darum auch pfleglich behandeln müsse. Eine Dame meines Alters fragte nach, ob ich mein Cabrio mit Benzin oder Diesel betriebe. Ich empfahl ihr, sich vor mir hinzuknien und meine Oberschenkel zu umfassen, dann würde sie merken, dass ich weder mit Benzin noch mit Diesel, sondern mit Super fahre. Augenzwinkernd fuhr ihr Ehemann dazwischen: »Untersteh dich!« – Kurzum: Fahrrad fahren macht sogar in der Novembertristesse Freude. Ist das nicht christlich!

In einer großen Wiese mit einer sumpfigen Bachniederung sehe ich fast täglich Graureiher. Sie bleiben selbst dann ganz nahe am Feldweg ruhig sitzen, wenn ich in Bewegung bleibe. Aber wenn ich vom Rad absteige, dann fliegen sie erschrocken davon. Ich lerne daraus: Christen, die nicht mehr in Bewegung sind, werden leicht mit Vogelscheuchen verwechselt. Überdies: Man kommt ins Gleichgewicht und bleibt im Gleichgewicht des Christlichen nur, wenn man sich – mit sich und von sich weg – auf Christus hinbewegt.

Die Schwarzdrosseln bekommen zu dieser Zeit durch die frühlingsähnliche Tageslichtlänge noch einmal gelbe Schnäbel wie auf Brautschau im Frühling und merken erst nicht, dass das nicht der zweite Frühling, sondern der Herbst ist. Manche Männer sind auch nur Drosselmännchen, einige sogar Schnapsdrosselmännchen, weil sie von der Schnapsidee benebelt sind, für sie sei wieder Frühling angesagt.

Noch kurz vor dem Herbst warf eine schräg stehende Sonne in das müde Gelb und Braun der nadelnden Lärchen noch eine Handvoll gnädig verklärenden Lichts. Im November stehen auch sie, wie die anderen vom Wind bis zur Blattlosigkeit abgezausten Bäume, schon ganz im Dunkel. So wird's uns auch gehen?

Lektionen aus den Radfahrstunden eines Jahres, erlebt unter Gottes Himmel, ganz Ohr, ganz Auge, ganz Nase, mal feucht (auch die Nase), mal sonnig (auch das Gemüt), mal tränig (auch die Augen), mal erhebend (auch das Herz), mal beschwert (auch die Atmung) und nur einmal sturzbetroffen (nie sturzbesoffen). Und in all dem Kreisen der Räder und der Tage spüre ich, dass sich letztlich alles um die eine und einzige Mitte, um Gott, dreht und in allem scheinbaren Kreisen um sich doch zu ihm unterwegs ist.

Jeden Morgen 35 Minuten Morgenlob, Laudes auf zwei Rädern, jeden Abend 45 Minuten (es geht 200 Meter hinauf in die Höhe) Abendgebet, Komplet auf zwei Rädern, Spurenlese Gottes in den Zyklen der Natur, in den Zyklen des Lebens.

Unser Leben scheint sich nur im Kreise der menschlichen Vorläufigkeit zu drehen und dreht sich doch auf ein Ziel in

Gottes Endgültigkeit zu. Der evangelisch-katholische Doppelname des letzten Sonntags im Kirchenjahr gibt das Ziel an: Der Name Totensonntag sagt mir, dass der finster erscheinende Todestag ein Sonn(en)tag ist, an dem unseren Toten die Sonne aufgeht, die nicht mehr erlischt. Der Name Christkönig sagt mir, wer Mitte und Ziel ist im Kreisen der Tage und Jahre, Christus, und uns wird ein königlicher Empfang bei ihm beschieden sein.

Königsklasse

Am letzten Sonntag des Kirchenjahres feiern die Katholiken das Christkönigsfest, also am Sonntag bevor der Advent beginnt und sich schon alles auf Weihnachten ausrichtet. Ein im wahrsten Sinne merkwürdiges Fest und ein merkwürdiger König geraten hier in den Blick.

Schon ganz am Anfang, noch vor seiner Geburt, heißt es beim Evangelisten Lukas: *»Er wird groß sein und Sohn des Höchsten genannt werden. Gott, der Herr, wird ihm den Thron seines Vaters David geben. Er wird über das Haus Jakob in Ewigkeit herrschen, und seine Herrschaft wird kein Ende haben«* (Lk 1,32f.). Das ist eine große Verheißung.

»Wo ist der neugeborene König der Juden? Wir haben seinen Stern aufgehen sehen und sind gekommen, ihm zu huldigen« (Mt 2,2). So fragen kurz nach seiner Geburt die Magier und Sterndeuter aus dem Osten und lösen damit Panik bei dem nur durch Roms Gnaden amtierenden König Herodes aus. Eine Verfolgungswelle gegenüber möglichen oder tatsächlichen Kronprätendenten ist die weitere Folge, der Kindermord von Betlehem, von dem die Bibel erzählt.

Und ganz am Ende eines irgendwie nicht so recht königlich verlaufenen Lebens sagt er im Verhör vor Pilatus auf die Frage, ob er ein König sei: *»Du sagst es, ich bin ein König.« »Mein Königtum ist nicht von dieser Welt«* (Joh 18,36f.).

Nach herkömmlichen Maßstäben ist dieser König eine Witzfigur, eine Lachnummer, nicht von dieser Welt. Die römischen Soldaten machen ihn zum Spottkönig und krönen ihn mit Dornen. Die Soldaten dieses Königs muss man nicht fürchten, die Grenzen seines Reiches sind unbewacht, man kann sie nicht einmal feststellen. Eine Leibwache oder ein Hofstaat sind nicht vorgesehen. Man kann diesem König zu nahe treten, ja sogar seiner habhaft werden und sieht, mit dem ist nicht viel Staat zu machen, der ist hilflos und mittellos.

Seine erste Audienz gibt der neugeborene König im Viehunterstand für die Hirten, arme, missachtete Gestalten am Rande der jüdischen Gesellschaft. Und seine letzte Audienz gibt dieser König am Kreuz den zwei Verbrechern, die mit ihm gekreuzigt werden. Einer der beiden verhöhnt Jesus noch am Kreuz. Der andere ist sich dessen bewusst, dass er, der schuldige und rechtmäßig verurteilte Verbrecher neben jemandem stirbt, der schuldlos und unrechtmäßig verurteilt ist: *»Jesus, denk an mich, wenn du in dein Reich kommst«* (Lk 23,42). So bittet der eine Todeskandidat den anderen Todeskandidaten, denn er ahnt, dass dieser nicht im Reich des Todes versinkt, sondern durch den Tod in sein Reich des Lebens eingeht.

Und Jesus sagt: *»Heute noch wirst du mit mir im Paradies sein«* (Lk 23,42). Er verheißt die Auferstehung im Tod, heute noch, nicht erst am St. Nimmerleinstag. Wie mitten im Leben Tod sein kann, so kann mitten im Tod Leben sein.

Über dem Kreuz steht noch einmal, als was er verurteilt worden ist, ohne es jemals gewesen zu sein oder auch nur beansprucht zu haben: *»Jesus von Nazaret, König der Juden«* (Joh 19,19). Jesus wollte ausdrücklich nie ein Politmessias, wollte nie ein Thronfolger auf dem albernen Thrönchen des Herodes sein. Aber die Perfidie seiner Landsleute lässt ihn für das sterben, was er nie sein wollte und nie war, ein diesseitiger König. Und die Ironie des Schicksals schreibt an den Kreuzesbalken, dass der hier von seinem Volk und dessen Besatzern Liquidierte der eigentliche und wirkliche König ist.

Dieser König ist eher ein Antikönig; er passt weder in die damalige noch die heutige Zeit. Er ist ein zeitloser, ein zeitübergreifender, ein ewiger König. Man darf nicht in die Höhe, sondern muss in die Tiefe schauen, um diesen König zu entdecken. Unser Blick braucht die besondere Tiefenschärfe der Menschlichkeit, um diesen König wahrzunehmen.

Er ist kein König von dieser Welt, sondern ein König über diese Welt. Er ist kein König auf Zeit wie die vielen Herodesse der Geschichte, er ist der König über diese Zeit, der König der Ewigkeit. In der menschlichen Erbärmlichkeit vermittelt er das göttliche Erbarmen. Die Könige dieser Welt haben in mörderischen Schlachten ihre Völker geopfert zum Unheil der Welt, der König über diese Welt lässt sich selbst zum Schlachtopfer machen zum Heil der Welt. Er ist ein König, der, indem man ihn hinrichtet, andere aufrichtet.

Weil er ein König ganz unten ist, darum wird er von denen ganz unten, den Hirten an der Krippe und den Verbrechern am Kreuz, als König erkannt. Weil er ein Spottkönig und ein Habenichts ist, erkennen die Verspotteten und Habenichtse dieser Welt in ihm den Ihren. Die Gernegroßen oder Möchtegerngroßen, Pilatus und Herodes, verstehen hingegen nicht, dass dieser König in einer anderen, für sie unerreichbaren Königsklasse spielt, und wittern in ihrer lächerlichen Großmannssucht nur eine Bedrohung ihres Status.

Nicht der ist ein König, der andere kleinhalten muss, um selbst groß bleiben oder groß werden zu können. Der ist ein König, der nicht selbst hoch hinaus will, sondern sich mit den Niedrigen gemein macht, der bei den Kleinen seinen Platz sucht, um sie groß werden zu lassen. Der ist ein König, der im Sterben das Leben versprechen, den Sterbenden Leben zusprechen, der aus dem Sterben ins Leben führen kann. Den König erwarten wir, ihm gehen wir entgegen im Advent unseres Lebens. Nur dieser gekreuzigte König am Ende ist am Ende der König. Nur der führt nicht die Lebenden in den Tod, sondern die Toten ins Leben.

Am Ende der Anfang

Ein Jahr geht zu Ende. Dass das Kirchenjahr etwas anders tickt und einige Wochen vor dem kalendarischen »Profanjahr« endet, sorgt immer wieder für Verwirrung.

Die Ägypter kannten schon lange vor Christus das Sonnenjahr mit 12 Monaten, je 30 Tagen und 5 nachgeschobenen Ausgleichstagen. Ja, 238 v. Chr. führten sie auch noch einen Schalttag alle vier Jahre ein. Julius Caesar hat diesen Kalender, der später, nach ihm benannt, der Julianische Kalender hieß, weder erfunden noch verbessert, sondern nur übernommen. Dass der Julianische Kalender um 0,0078 Tage zu lang ist, merkte Papst Gregor XIII. Er verbesserte und präzisierte den in die Jahre gekommenen Julianischen Kalender und ließ auf den 4. Oktober 1582 sogleich den 15. Oktober folgen, um das kalendarische mit dem kosmologischen Jahr wieder zu synchronisieren. Die durchschnittliche Jahreslänge wurde in diesem Gregorianischen Kalender mit 365,2524 Tagen so genau bestimmt, dass erst in ca. 3000 Jahren ein weiterer Schalttag erforderlich sein wird.

Die Juden hingegen kannten nur das Mondjahr mit 354 Tagen und einen kaum mehr nachvollziehbaren Umrechnungsmodus zum Sonnenjahr mit gemeinem, mangelhaftem und überzähligem Jahr. Und siebenmal in 19 Jahren mussten sie einen Schaltmonat einfügen. Den Weltanfang datierten sie mythologiegestützt auf das Jahr 3761 v. Chr.

Das römische Weltreich setzte den Beginn der Zeitrechnung mit der legendarischen Gründung Roms auf das Jahr 753 v. Chr. fest. Und diese Zeitzählung ging mit dem römischen Weltreich unter.

Die Muslime haben ein reines Mondjahr mit Monatslängen von 29 und 30 Tagen. In 30 Mondjahren finden sich 19 Jahre zu 354 und 11 Jahre zu 355 Tagen Länge. Die Jahreszählung beginnt bei ihnen mit der Hidschra, dem Auszug der Anhänger Muhammads von Mekka nach Medina, im Jahr 622

n. Chr. Für unsere abendländischen Denkgewohnheiten noch kurioser und voller Sonderregelungen sind die Kalender der Inder und Chinesen.

Revolutionäre oder diktatorische Bewegungen wie die Französische Revolution oder die Kommunistische Gewaltherrschaft in der UdSSR haben versucht, eigene Kalender aufzustellen oder gegen den christlich-jüdischen Sieben-Tage-Rhythmus einen Zehntage-Rhythmus durchzudrücken – am Ende erfolglos.

Wir zählen die Jahre nach Christus, besser noch die Jahre mit Christus; denn er ist es, der uns durch all unsere Zeiten begleitet. Christus ist maßgebend, auch Zeitmaß gebend, für uns und für diese Welt.

Wir rechnen die Jahre vor und nach Christus – damit wird er zum Dreh- und Angelpunkt aller Zeiten, der vergangenen und der kommenden. Und da, wo der menschgewordene Gott in die Zeit eintritt, da kann Zeit als Heilszeit erkennbar werden.

Wenn das profane Jahr sich neigt, die Bilanzen Gewinne und Verluste, Triumphe und Pleiten ausweisen, sollen und dürfen wir wissen, dass ein neuer Anfang zum Guten schon gemacht ist, dass Gott diesen neuen Anfang setzt. Am ersten Advent, bevor das Profanjahr versinkt, beginnen wir mit dem neuen Kirchenjahr.

Nach der längsten Nacht, der Wintersonnenwende, feiern wir die Geburt Jesu Christi als Siegeszug des Lichtes. Durch ihn und mit ihm tagt es inmitten aller Umnachtung. Durch das Lebenslicht des menschlichen Gottes werden wir zu göttlich erhellten Menschen.

Im aufbrechenden Frühling, am Sonntag nach dem ersten Frühlingsvollmond, feiern wir Ostern, den Aufbruch neuen Lebens aus der Kältestarre des Todes.

Pfingsten als Abschluss der Osterzeit feiern wir inmitten der Farben- und Blütenpracht des reifen Frühlings und ahnen etwas von der Farbigkeit und Lebensfülle, die Ostern schenkt.

Fronleichnam, in dessen Mitte das eucharistische Brot steht, begehen wir – im wörtlichen und übertragenen Sinne – zwischen den wachsenden Ähren. So lebensnotwendig wie das tägliche Brot für unser natürliches Leben ist uns das eucharistische Brot für das verheißene übernatürliche Leben.

Und am Ende des Kirchenjahres, in der Tristesse des Totenmonats November, malen wir nicht den Sensenmann oder den Teufel an die Wand, sondern den wiederkehrenden Christus, den Pantokrator (griech. Weltenherrscher), den, der als Richtender rettet und als Rettender richtet, den, der als Christkönig noch und gerade in unserem Ende seine Vollendung schenkt.

Christen, die das Kirchenjahr bewusst durchleben und mitleben, machen also alljährlich einen neuen Grundkurs des Glaubens. Sie erfahren: Alle Zeiten des Menschen sind durchdrungen, unterfangen und umfangen von der Ewigkeit Gottes. Wir wissen im Letzten nicht, was Zeit ist. Wir haben sie immer nur als den ausdehnungslosen Umschlagpunkt vom Noch-Nicht zum Nicht-Mehr. Wir wissen nicht, was Gegenwart ist. Wir haben sie immer nur als das gerade Gewesene und können sie auch nicht mit physikalischen Mitteln dingfest machen. Aber in lichten Augenblicken machen wir eine Erfahrung, wie wenn die Zeit stehen bleibt. Und dann gewinnt der Augenblick eine ungeahnte und unauslotbare Tiefe. Vielleicht erahnen wir da für einen kurzen Moment Gottes Ewigkeit im Jetzt und Hier der Menschenzeit.

Die Kirche hat auf der Basis dessen, was die Ägypter wussten, das Profanjahr staunenswert exakt berechnet. Aber sie hat dem Profanjahr mit dem Kirchenjahr diese tief gehende Deutung hinzugefügt: In Christus nimmt Gott teil an unserer Zeit, in ihm ist er zeit- und fristsetzend maßgeblich für alle Zeit. Und wir gehen mit ihm auch im Totenmonat November den Lebensweg aus der heillosen Zeit in das zeitlose Heil.

BAUSTELLEN DES CHRISTLICHEN

Was hat dies Kapitel mit einer Einladung ins Christentum zu tun? Sind Baustellen einladend? Viele Menschen werden diese Frage verneinen und mit Recht darauf verweisen: Baustellen sind eher abweisend mit ihrem Staub, Schutt und Dreck. Sie sind oft ungesichert, teils gefährlich. Es liegen Baumaterial und Werkzeug herum.

Und es gibt wohl auch Baustellen, die mal kurz- oder längerfristig stillgelegt sind, weil sie zu groß sind, um in einem Zug fertiggestellt werden zu können, oder weil es an Geld, Material oder Fachleuten zum Weiterbau fehlt, wie schon so oft bei der gewaltigen Jugendstil-Kirche Sagrada Familia in Barcelona.

Es gibt ferner Baustellen, die nie fertig werden, die aus dem Stadium der Baustelle nahtlos in den der Bauruine übergehen. Es gibt sogar Baustellen, auf denen man die Ruinen als Ruinen zu konservieren versucht, zum Beispiel am Kolosseum, dem Amphitheater im antiken Rom. Eine vollständige Wiederherstellung des alten Zustands ist dabei nicht geplant. Doch diese Ruine ist Hinweis auf das Gewaltige und Gewalttätige, aber auch Großartige, das da einmal war.

Es gibt auch Bauten, die eigentlich fertig sind, die aber angesichts ihrer gewaltigen Komplexität oder ihrer fragilen Baustruktur ständig Baustellen bleiben, wie zum Beispiel der Kölner Dom, und die darum nicht selten ständige Bauhütten unterhalten müssen. All diese Baustellentypen gibt es auch im Christentum, zwei davon kommen hier zur Sprache: die Baustelle unserer ethisch-religiösen Haltung und die Baustelle unserer Auseinandersetzung mit der naturalistisch geprägten Welt.

Manchmal zeigen Baustellen besser als der fertige Bau, was und wo die das Ganze tragenden Teile und von welcher Qualität diese tragenden Teile sind. Manchmal zeigen sie, welche der tragenden Teile einer dringenden Erneuerung bedürfen, wenn man nicht das Ganze aufs Spiel setzen will. So gesehen sind Baustellen auch Lehrstellen, die hineinblicken lassen in das, was gerade entstehen soll, in das, was entstanden ist und fortbestehen soll.

Aber Baustellen lassen auch im gegenwärtig Unfertigen das vielleicht großartige, zukünftig Fertige oder das vielleicht großartige, einmal fertig Gewesene erahnen; sie bringen uns auf Distanz zu dem, was gerade ist, und damit dem näher, was auch sein könnte. Und so sind Baustellen eben auch einladend und die Baubegehung ist gleichermaßen notwendig und lehrreich.

Göttliche Tugenden

Glaube: Zweifelhaft? Zweifellos?

In den Osterevangelien findet sich auch der Apostel Thomas, der Glaubenspatron der Zweifler, nüchtern-kritisch, ohne vorschnelle Glaubensbekundungen. Er will das, was sichtbar ist, auch wirklich sehen, das, was begreifbar ist, auch wirklich greifen und begreifen. Er will dem Auferstandenen auf den Leib rücken, den Finger in die Wunde legen. Viele werden dem Zweifler glauben und am Glauben zweifeln.

Normalerweise meinen wir, mit dem Wissen wachse die Gewissheit. Und der Glaube sei nur ein vages Meinen, ein minderwertiges, mythologisch durchsetztes Halbwissen, das man überwinden müsse. Johann Wolfgang von Goethe (1749–1832) war da allerdings ganz anderer Ansicht: »*Mit dem Wissen wächst der Zweifel.*« Denn keine Frage findet eine erschöpfende und endgültige Antwort. Mit jeder Antwort betreten wir nur einen neuen, umfassenderen Fragehorizont.

»*Wer recht erkennen will, muss zuvor in richtiger Weise gezweifelt haben.*« Das wusste schon der große Naturforscher und Philosoph Aristoteles (384–322 v. Chr.). Wer den Zweifel nicht gelten lässt, ihm keinen angemessenen Platz einräumt, der kann leicht zum Fanatiker werden, der den geheimen Zweifel überkompensiert. Der Zweifel ist nicht das Schmuddelkind aus der Nachbarschaft, das man von den Kommunionkindern des wahren Glaubens fernhalten muss.

Vielleicht muss man sich zur besseren Erkenntnis und zum besseren Glauben voranzweifeln, durch den Zweifel hindurchzweifeln. Der dänische Philosoph Sören Kierkegaard (1813–1855) hat gesagt: »*Es ist Talent nötig zum Zweifeln, aber es ist schlechterdings kein Talent nötig zum Verzweifeln.*« Man kann und muss dem Zweifel auf den Grund gehen, um nicht am Zweifel zugrunde zu gehen.

Aber man sollte auch den Zweifel selbst vom Zweifel nicht ausnehmen. Und wenn der Zweifel am Zweifel Platz greift, der Zweifel an der Angemessenheit und Berechtigung des Zweifels, dann steht plötzlich der Glaube wieder im Raum.

Der Zweifel kann ein Mitstreiter des Glaubens sein; er kann hilfreich sein gegen den Aberglauben, hilfreich gegen den Irrglauben, hilfreich gegen Leichtgläubigkeit und Kleingläubigkeit. Der Zweifel reinigt den Glauben.

Der Zweifel ist ein Mitstreiter des Glaubens gegen die Scheinplausibilität naturwissenschaftlich technischer Allmachtsfantasien und gegen theologisches Allwissenheitsgehabe. Der Jesuit und Publizist Mario von Galli (1904–1978) erzählte uns einmal von einem gewaltigen Vortrag seines Dogmatikprofessors über die Dreifaltigkeit Gottes. Mit einem hoch komplizierten Tafelbild hatte er alle innergöttlichen Verhältnisse geklärt. Die Jesuitenstudenten waren förmlich erschlagen von dieser umfassenden theologischen Klugheit. Nur einer, der spätere große Konzilstheologe Karl Rahner (1904–1984), wagte noch eine entscheidende Frage: Und wo bitte, Herr Professor, ist das Geheimnis Gottes?

Der Zweifel kann auch hilfreich sein gegen den naiven infantilen Glauben, der nicht über den Glauben nachdenkt, sondern ihn nur ängstlich zu bewahren trachtet. Kurzum, der Zweifel hält den Glauben auf Trab, damit er nicht in den Polstern der Gedankenfaulheit und Scheinsicherheit versackt oder im Kinderlaufstall verbleibt. Man kann den Kinderglauben nicht frag- und zweifellos, bruch- und stoßsicher, kritikgeschützt und vakuumverpackt mit sich herumtragen. Wer das versucht, muss sich nicht wundern, wenn dieser Glaube ihn nicht trägt, sondern nur zu tragen gibt oder gar unerträglich wird.

Jesus lässt sich ein auf die vom Zweifler Thomas verlangte Probe aufs Exempel. Er sagt nicht »Finger weg, Augen zu und glauben!«, sondern: *»Leg deinen Finger hierher und sieh meine*

Hände; nimm deine Hand und leg sie in meine Seite. Und sei nicht ungläubig, sondern gläubig« (Joh 20,27).

Wir haben zumindest zwei Herangehensweisen an den Glauben, die auch schon im Evangelium vom Zweifler Thomas durchscheinen.

Ich kann den Glauben auf der objektiven Ebene wie einen Forschungsgegenstand von außen betrachten, wie ein Religionswissenschaftler, der selbst glaubt, nicht zu glauben. Wenn ich den Glauben aber intellektuell redlich betrachte, dann stellt er mich irgendwann vor die Gretchenfrage: Wie hältst du selbst es mit Gott? Was und warum glaubst du? Was und warum glaubst du nicht? Und dann bin ich in der subjektiven Ebene der persönlichen existenziellen Betroffenheit. Dann werde ich mir selbst, dann wird Gott mir zur unumgehbaren Frage.

Schließlich kann niemand darüber entscheiden, ob er etwas glaubt, sondern nur, was er in etwa glaubt. Man glaubt ja nicht, wie viel man glauben muss, um ungläubig zu sein.

Thomas, der nur die objektivierende, intellektuelle Perspektive gelten lassen wollte, ist beim Anblick des Auferstandenen überwältigt. Diese Erfahrung bringt bei ihm die subjektive, existenzielle Perspektive ins Spiel. Und so formuliert er sein persönliches Christusbekenntnis: mein Herr und mein Gott.

Weil Gott mein intellektuelles Fassungsvermögen weit überschreitet, richte ich mich im Glauben auf ihn aus. »Ich glaube, damit ich verstehe.« So hat es der Kirchenlehrer Augustinus (354–430) formuliert. Und dann hat er drei Weisen dieses Glaubens benannt: Credo Deum. Ich glaube den Gott, den mich Bibel und Kirche lehren. Ich glaube, dass es diesen Gott gibt. Das ist die intellektuelle Dimension: Credo Deo. Ich glaube dem Gott, der mir in Christus nahegekommen ist. Ich vertraue ihm. Das ist die existenzielle Dimension. – Und beides, das Existenzielle und Intellektuelle, zusammenfassend: Credo in Deum. Ich glaube an Gott. Das heißt, ich glaube »zu ihm hin«, wie Edith Stein es übersetzte, ich überantworte mich dem Gott, der mir und uns Heil und Leben schenkt.

Der Philosoph und Soziologe Max Scheler (1874–1928) meinte: Es gehört zum Bewusstsein des Menschen, eine Absolutsphäre zu haben, und die kann und muss er füllen. Jeder Mensch hat so etwas wie einen inneren Tempel oder einen inneren Tabernakel, einen Raum, in den er das stellt und in dem er das hütet und hegt, was er mit einem Absolutwert versieht. Es scheint nicht fraglich, dass wir Menschen einen solchen inneren Tabernakel haben. Fraglich ist, wie und womit wir ihn füllen. Und wir können ihn bewusst oder unbewusst füllen. In diesem inneren Tabernakel kann der Geldsack oder der Chefsessel, kann der Lebensstil oder die Parteipolitik, kann der Sex oder der Alkohol, kann der Medienkonsum oder die Arbeit Platz finden.

Aber, so meinte Scheler weiter, jedes endliche Gut, das mit einem den Menschen ganz erfüllenden, quasi unendlichen Streben angezielt wird, ist schlicht und erschütternd ein Götze. Wenn ein Mensch diese Dinge bewusst oder unbewusst mit einem Absolutwert versieht, als sein Ein und Alles verehrt, dann entwertet und zerstört er sich auf Dauer selbst. Auch wer diese Absolutsphäre leer lassen will, füllt sie, eben mit gähnender, sinnloser Leere.

Im Tabernakel der katholischen Kirchen steht das Allerheiligste, d.h. der im konsekrierten Brot und im konsekrierten Wein verleiblichte Gott: der Unendliche im Endlichen. Man kann bezweifeln, ob im Endlichen der Unendliche zu finden ist, aber nicht, dass es hier um genau den geht. Denn das lächerliche, in der Monstranz eingefasste Stückchen Brot im Tabernakel, das wir zu uns nehmen, steht nur für den mit all unserem Denken, Sprechen und Tun letztlich nicht zu vereinnahmenden, unfasslichen Gott.

Und das lächerliche Wörtchen Gott in unserem Sprachschatz steht nur für ein mit all unserem Denken, Sprechen und Tun unausdenkbares, unausdrückbares Gut. Wer beim Zweifeln stehen bleibt und dies für die letzte Gewissheit hält, der ist nicht weit entfernt vom Abgrund des Verzweifelns.

Zweifeln wir uns also durch und vergessen wir nicht den Zweifel am Zweifel, damit wir nicht verzweifeln. Zweifeln wir uns also zum besseren, zum reiferen, zum glaubwürdigeren Glauben hindurch. Und dann öffnen wir in der Absolutsphäre unseres menschlichen Daseins das Endliche für den Unendlichen, den sterblichen Menschen für den lebendigen Gott.

Hoffnung: Entpuppung

Haben Sie Hoffnung? Ich meine nicht die kleine Hoffnung darauf, dass morgen gutes Wetter ist oder Schalke doch noch einmal Deutscher Fußballmeister wird. Ich meine eine umfassende Lebenshoffnung.

Die Erfahrung von Krisen- und Grenzsituationen im eigenen Leben, das Entschwinden der konkret-innerweltlichen Hoffnungsperspektiven führt nicht selten zu einer intensiven Aktivierung der religiösen Hoffnung. Es bewahrheitet sich manchmal, was der Volksmund so formuliert: »*Im Alter kommt der Psalter.*« Vor einiger Zeit stieß ich auf die folgenden freundlichen Verse von Eugen Roth (1895–1976), die das verdeutlichen können:

Hoffnung

Ein Mensch am Ende seines Lebens,
sieht ein, dass der Erfolg des Strebens
nur dürftig war an dem gemessen,
was er versoffen und verfressen.
Sein Wert als Raupe war gering:
Jetzt hofft er auf den Schmetterling!
Eugen Roth

Diese Verse vermitteln etwas von der grundlegenden menschlichen Hoffnung auf Verwandlung, Neuwerdung und Aufbruch ins Ungeahnte, die uns auch dann noch oder gerade dann beseelt, wenn unser Leben ein Zuwenig an Menschlichem und ein Zuviel an nur Allzumenschlichem aufweist.

Bertolt Brecht (1895–1976) dagegen verneint in seinem Gedicht »Der Nachgeborene« die Möglichkeit einer solch umfassenden Lebenshoffnung:

Der Nachgeborene

Ich gestehe es: ich
Habe keine Hoffnung.
Die Blinden reden von einem Ausweg. Ich
Sehe.

Wenn die Irrtümer verbraucht sind
Sitzt als letzter Gesellschafter
Uns das Nichts gegenüber.
Bertolt Brecht

Ein abgründiges Wort! Die Hoffnung wird in diesem Gedicht von Brecht als Wunschdenken oder als Illusion von Blinden denunziert. Dem Sehenden, für den Brecht sich hält, steht eine Hoffnung nicht an.

Das heißt doch wohl: Womit wir schaffen und was uns selbst schließlich und endlich einmal schafft, das sind nur die Räumungsarbeiten an der gewaltigen Schutthalde der Irrtümer. Nur für das eine sind wir nach Ansicht von Brecht blind: Der Irrtum, den wir beseitigen, ist der Ast, auf dem wir sitzen. Wenn es nichts mehr zu sägen gibt, dann stürzen wir ins Nichts ab. Wir leben von dem Irrtum, dass uns nach Ausräumung der Irrtümer die Wahrheit gegenübersäße. Wir beseitigen nach Brecht den einen, kleinen tagesaktuellen Irrtum, weil wir einem viel größeren, fundamentalen Irrtum aufsitzen, der uns das hinter allem lauernde Nichts nicht wahrnehmen lässt.

Es ist dann nur konsequent zu sagen: »Ich gestehe es: Ich habe keine Hoffnung ...« Zu fragen ist allerdings, welcher Art das offenbar überlegene »Sehen« ist, das es ihm erlaubt, die Hoffenden als Blinde zu qualifizieren oder abzuqualifizieren. Zu fragen wäre auch, wie von dieser Position aus »das Nichts« und als was »das Nichts« erkennbar sein kann.

Man könnte dem Brecht'schen Gedicht in der gleichen forschen Diktion ein Gegengedicht gegenüberstellen:

Ich gestehe es: Ich
Habe Hoffnung.
Die Verzweifelten sehen keinen Ausweg.
Die Vermessenen sehen keinen Irrweg.
Ich hoffe.
Wenn die Irrtümer dieser Zeit verbraucht sind,
Sitzen wir von Angesicht zu Angesicht
Gott gegenüber.

Das aber ist die Alternative, vor die uns die beiden Gedichte von Roth und Brecht stellen: Leben in einer ungeahnten neuen Dimension oder (auch in des Wortes umgangssprachlicher Bedeutung) Eingehen ins Nichts. Kann man hier zu einer Entscheidung kommen? Ich glaube, hier muss man das Wagnis der Hoffnung eingehen oder die Hoffnungslosigkeit aushalten; denn es ist wohl so, wie der dänische Philosoph Sören Kierkegaard sagt: »*Man kann das Leben nur rückwärts verstehen, aber man muss es vorwärts leben.*« Sinnvoll scheint es mir aber auch, auf die Konsequenzen der einen oder anderen Lebensoption zu schauen: Wo das Nichts als Ziel und absolutes Ende des Lebens angesehen wird, ist es da nicht längst schon die überall gegenwärtige, geheime Mitte des Lebens? Es steht nicht zu vermuten, dass Brecht ans Nirwana der Hindus denkt. Das Leben wäre dann insgesamt so etwas wie eine

Gnaden- oder Galgenfrist vor dem Nichts. Carl-Ludwig Schleich, ein deutscher Arzt und Schriftsteller (1859–1922), schreibt: *»Ohne ein Leben nach dem Sterben bleibt dieses Leben ein fantastisches Chaos, die Erde ein unbegreifliches Massengrab, und unser Geborensein ein Verbrechen, auf das die Todesstrafe gesetzt ist. Verstanden werden kann das Leben nur im Lichte der Ewigkeit.«*

Wo die Hoffnung das scheinbar absolute Ende des Lebens durchbricht, wird sie da nicht zur überall schon gegenwärtigen geheimen Mitte des Lebens? Brecht meint, Hoffnung zu haben sei ein Indiz für Blindheit.

Warum sollte nicht das Umgekehrte gelten: Hoffnung als die das ganze Dasein erhellende Sehfähigkeit, die den an Hoffnungslosigkeit Erblindeten die Augen öffnen könnte. Das steckt auch in den Worten des katholischen Pfarrers und Dichters Lothar Zenetti, wenn er schreibt: *»Menschen, die aus der Hoffnung leben, sehen weiter. Menschen, die aus der Liebe leben, sehen tiefer. Menschen, die aus dem Glauben leben, sehen alles in einem anderen Licht.«*

»Hoffnung ist der Anker der Welt«, sagen die Bantus. Die Hoffnung gibt wie ein Anker dem Gedanken Halt, dass dieses Erdenschiff samt Besatzung kein »fliegender Holländer« im endlosen Kosmos ist, sondern Geborgenheit in einem Heimathafen finden wird. Der trostlosen Hoffnung auf eine (Leben genannte) Gnadenfrist würde der Glaubende die trostvolle Hoffnung auf fristlose Gnade entgegenhalten.

Wie auch immer unser Wert als Raupe einmal eingeschätzt werden mag, ob als wertvolle Seidenraupe (Bombyx mori) oder als gemeiner Apfelwickler (Laspeyresia pomonella), die »Hoffnung auf den Schmetterling« erfüllt beide. Und mit dieser Schmetterlingsperspektive leben wir Erdenraupen anders als ohne. Seien wir also hoffnungsvoll, bis es sich entpuppt.

Liebe 1: Liebe gewinnt immer

Unter den ca. 170 Trauungen, die ich als Priester immer auf der »sicheren Seite« des nur mittelbar Betroffenen mitgestaltet habe, habe ich sicher 30-mal das Hohelied der Liebe aus dem ersten Korintherbrief des Apostels Paulus als Lesung gehört. Wunderbare Worte sind das, ein einziger Lobpreis der Liebe:

Das Hohelied der Liebe

Die Liebe ist langmütig, die Liebe ist gütig. Sie ereifert sich nicht, sie prahlt nicht, sie bläht sich nicht auf. Sie handelt nicht ungehörig, sucht nicht ihren Vorteil, lässt sich nicht zum Zorn reizen, trägt das Böse nicht nach. Sie freut sich nicht über das Unrecht, sondern freut sich an der Wahrheit. Sie erträgt alles, glaubt alles, hofft alles, hält allem stand. Die Liebe hört niemals auf ... Für jetzt bleiben Glaube, Hoffnung und Liebe, diese drei; doch am größten unter ihnen ist die Liebe.
Paulus in 1 Kor 13,4–8.13

Aber ist das nicht eine Nummer zu groß für uns Normalsterbliche? Ist das nicht übertrieben und nur in der übertriebenen Gefühlsseligkeit des hochzeitlichen Wonnemonats verkraftbar? Sind nicht schon zahllose Ehen gescheitert, die so emphatisch mit dem Hohelied der Liebe und dem triumphalen Hochzeitsmarsch in prachtvoll geschmückter Kirche begonnen haben? Hat sich da der unverheiratete Paulus in Sachen Liebe nicht doch zu weit auf unbekanntes Gelände vorgewagt?

Ich glaube nicht, dass die Liebe wie die treibenden Schäfchenwolken im Blau des Sommerhimmels nur für die Alleinseligkeit des Honeymoon gedacht ist. Sie gehört vielmehr gerade dahin, wo nicht die selbsttragende Gefühlsseligkeit vorherrschend ist. Liebe ist nicht nur die Bezeichnung eines Gefühlszustands. Liebe ist ein Tatwort, und zwar der Imperativ eines Tatworts. Augustinus sagt sogar: *»Ama et fac quod vis.« – »Liebe und dann tu, was du willst!«*

Die Liebe gehört gerade dahin, wo sich Hass- und Hetzreden wechselseitig das Wort erteilen, wo Entfremdung und Erbitterung, Gleichgültigkeit und Gefühllosigkeit wie Planierraupen die Erhebungen der menschlichen Seelenlandschaft gnadenlos einebnen. Sie ist inmitten aller Bewaffnung eine entwaffnende Wunderwaffe.

Wie sich das, was Paulus in seinem Hohelied der Liebe anspricht, in den Niederungen sogar des Hasses bewähren kann, hat mir die Geschichte von einem Muslim, die Geschichte von Ismail al-Chatib aus Dschenin im Westjordanland, klargemacht.

Vor einigen Jahren hatten die Israelis seine Autowerkstatt mit Planierraupen niedergemacht und ihm damit seine Einkommensquelle zerstört, um den Grenzzaun auf seinem Gebiet zu bauen. Er hatte Steine geworfen gegen Panzer und war monatelang in Israel inhaftiert worden. Auch sein Haus hatten israelische Truppen zeitweilig belegt und als Beobachtungsposten genutzt, ihn mitsamt der achtköpfigen Familie in einen Raum eingepfercht und den Hausherrn zum Bittsteller im eigenen Haus degradiert.

Bei den über 200 von der israelischen Regierung angeordneten Liquidierungen mutmaßlicher Terroristen hat es in nur fünf Jahren (zwischen 2000 und 2005) 129 unbeabsichtigte Tötungen unschuldiger Menschen gegeben, sozusagen als »Kollateralschäden«. Am 4. November 2005 treffen zwei Kugeln aus israelischen Gewehrläufen den elfjährigen Achmed al-Chatib und reißen ihm einen Teil seines Gesichts und einen Teil seines Beckens weg. Der Kleine wird noch in die Klinik in Haifa gebracht und 24 Stunden am Leben gehalten. Als der Vater begreift, dass für sein Kind keine Rettung mehr besteht, fragt er die israelischen Ärzte, ob man mit den Organen seines Sohnes durch Transplantationen noch andere Kinder retten könne. In Haifa entnimmt man die Organe und transportiert sie dann in die auf Transplantationen spezialisierte Schneider-Kinderklinik in Petach Tikva.

»Wie viele Menschen habt ihr retten können?«, fragt der Vater. Sechs, richten ihm die Ärzte aus. Und der »Spiegel«, der in Nr. 52/2006 dieser Geschichte eine ausführliche Reportage gewidmet hat, berichtet: Das Herz bekam ein Drusenmädchen; die Lungen ein Jerusalemer Teenager; die Leber wurde zwischen zwei Juden geteilt, die Nieren erhielt ein fünfjähriger arabischer Beduinenjunge und die dreijährige Tochter einer orthodoxen jüdischen Familie. Sechs Menschen, die ohne Transplantation keine Überlebenschance hatten und nun durch Achmeds Organe hoffen dürfen. »Gut, dann habe ich sechs neue Kinder«, sagt Ismail al-Chatib.

Der ultraorthodoxe Jude, dessen Tochter eine Niere bekommen hat, sagt allerdings, er hätte es vorgezogen, die Organspende von einem Juden zu erhalten. Und er glaube nicht, dass er diese arabische Familie jemals treffen wolle.

Und diese arabische Familie al-Chatib denkt in der Stunde ihres tiefsten Leids noch an das Leid der anderen. Wenn ich das lese, wird mir die Tiefendimension der Worte des Paulus wieder bewusst: »Die Liebe ... lässt sich nicht zum Zorn reizen, trägt das Böse nicht nach ...«

Eines der letzten Worte des nur einen Monat regierenden Papstes Johannes Paul I. war: *»Die Liebe gewinnt immer!«* Sie gewinnt nicht gegen den anderen, sie gewinnt den anderen, auch den Gegner; denn sie ist einnehmend und einladend. Sie gewinnt, weil sie gewinnend ist, weil sie nicht niedermacht, sondern aufrichtet.

Die Liebe hat und ist eine menschliche und eine übermenschliche Macht. Sie macht menschlich und führt den Menschen über das Menschliche hinaus zu Gott; denn: *»Gott ist die Liebe und wer in der Liebe bleibt, bleibt in Gott und Gott bleibt in ihm«* (1 Joh 4,16). Das dürfen auch wir uns gesagt und angetan sein lassen.

Liebe 2: Von Kopf bis Fuß auf Liebe eingestellt

Da sitzt ein Brautpaar vor mir in der Kirche und schaut mich erwartungsvoll an. Die Texte zum Gottesdienst hat es selbst ausgewählt: das Hohelied der Liebe aus dem Brief des Apostels Paulus an die Korinther (dazu mehr im vorangegangenen Abschnitt) und das erste Wunder Jesu nach dem Johannesevangelium, das Wein-Wunder auf der Hochzeit zu Kana (Joh 2).

Da feiert ein Dorf Hochzeit, langt bei den Getränken heftig zu und bringt so den Gastgeber in die peinliche Situation, keinen Wein mehr zu haben. Das Brautpaar wollte mit dieser Textauswahl sicher nicht sein Vertrauen zum Ausdruck bringen, dass bei der Bewirtung seiner Gäste notfalls der Pastor oder sonst jemand Wasser in Wein verwandelt.

Im Evangelium ist von der »Stunde Jesu« die Rede, der Stunde seines ersten Wunderzeichens bei einem Fest, bei einer Hochzeit. Er lässt sechs Krüge, die für die Reinigungsriten der Juden bestimmt sind, mit je 100 Litern Wasser füllen. Und dann wandelt er das Wasser in 600 Liter Wein, nicht in billigen Treppenstürzer, sondern in besten Wein, wie der Evangelist betont. Leistet Jesus hier Vorschub zum Kampftrinken bis zur Bewusstlosigkeit, Flatrate-Saufen in der Bibel? 600 Liter Überfluss vom Feinsten!

Schon bei seinem ersten öffentlichen Auftreten macht Jesus klar: Die kleinliche Beckmesserei, die ängstlich-sauertöpfischen Mäßigungsparolen, die missgünstig-geizigen Zuteilungen per Apothekerwaage sind nicht sein Stil. Die Zeit der Kümmerlichkeit ist vorbei! Gott kommt mit unglaublicher Generosität, mit überfließender Fülle. Wo Gott ist, da ist ein rauschendes, ja berauschendes Fest möglich. An Jesus Christus sehen wir: Gott geht zu Herzen, Gott steigt zu Kopfe, Gott ist maßlos.

Der Evangelist Johannes ist ein Spurenleger vom ersten bis zum letzten Zeichen Jesu: Ganz am Ende des Johannesevangeliums kommt noch einmal die »Stunde Jesu«, die Stunde seines letzten Wunderzeichens, wiederum bei einem Fest, beim Abendmahl direkt vor seinem Leiden und Sterben. Und wiederum spielen Wasser und die Gefäße zur rituellen Reinigung der Juden eine wichtige Rolle. Diesmal werden sie nicht zu Weinkrügen umfunktioniert, diesmal leistet der Herr aller Herren den niedrigsten Sklavendienst. Er wäscht seinen Jüngern die Füße. Der, mit dem niemand auf gleichem Fuß verkehren kann, geht unters Fußvolk. Er kümmert sich um den letzten Dreck von der untersten Sohle seiner Jünger. Er wäscht seinen Jüngern nicht den Kopf, sondern die Füße. An Jesus Christus sehen wir: Gott begibt sich unter das Fußvolk, Gott begibt sich nach ganz unten, Gott ist maßlos.

Und es wird auch erklärt, warum er all das tut. *»Da er die Seinen, die in der Welt waren, liebte, erwies er ihnen eine Liebe bis zur Vollendung.«* Und zu den Jüngern sagt Jesus: *»Wenn nun ich, der Herr und Meister, euch die Füße gewaschen habe, dann müsst auch ihr einander die Füße waschen. Ich habe euch ein Beispiel gegeben, damit auch ihr so handelt, wie ich an euch gehandelt habe«* (Joh 13,1–15).

Nur die Liebe tut so etwas, nur die Liebe kann so etwas. In Jesus Christus geht Gott aus Liebe zum Menschen aufs Ganze, er steigt zu Kopfe wie bei der Hochzeit zu Kana, er geht zu(m) Fuß wie im Abendmahlssaal von Jerusalem. Gott ist verliebt in den Menschen, von Kopf bis Fuß.

»Ich bin von Kopf bis Fuß auf Liebe eingestellt; denn das ist meine Welt, und sonst gar nichts!«, das hat Marlene Dietrich (1901–1992) gesungen. Aber streng genommen kann das wirklich und mit Fug und Recht nur Gott selbst von sich sagen. Wir können uns dem annähern.

Lieben ist in der Nachfolge Jesu nicht bloß eine substantivierte, festtägliche Gefühlszustandsbeschreibung. Lieben ist ein alltägliches Zeitwort; denn es ist alle Tage und jederzeit an der Zeit zu lieben. Lieben ist ein alltägliches Tätigkeitswort; denn die Liebe ist alltäglich zu tun.

Wenn das erwartungsvolle Brautpaar, wenn wir alle so von Kopf bis Fuß zu lieben versuchten, wenn wir alle nach dem Vorbild Jesu mit Hirn, Herz und Hand zu Werke gingen, dann realisierte sich Tag für Tag mehr und mehr, was im Hohelied der Liebe von Paulus zur Sprache gebracht wird: *»Die Liebe ist langmütig, die Liebe ist gütig ... Sie erträgt alles, glaubt alles, hofft alles, hält allem stand. Die Liebe hört niemals auf ... Für jetzt aber bleiben Glaube, Hoffnung und Liebe, diese drei; doch am größten unter ihnen ist die Liebe.«*

Wenn wir, frisch getraute Brautpaare oder in langen Jahren ergraute Ehepaare, in der Ehe Gescheiterte oder Ehelose in den Dürren des Alltags einander das Wasser der menschlichen Hilfsbereitschaft reichten, wenn wir einander zuerst die Füße und nicht erst den Kopf wüschen, dann wären wir annäherungsweise wirklich von Kopf bis Fuß auf Liebe eingestellt, dann hörte die Liebe niemals auf. Dann nämlich würde Gott das Wasser unseres armseligen Alltags immer neu in den Wein seines überfließenden Festtags wandeln.

Natürlich? Unnatürlich? Übernatürlich?

Bei Adam und Eva anfangen?

Die Bibel enthält zwei ganz unterschiedliche Schöpfungsmythen, die definitiv nicht miteinander zu harmonisieren sind, in den Köpfen auch der Christen zumeist aber doch zu einem zusammengerührt und als Eintopf aufgetischt werden. Da ist zuerst das Siebentagewerk (Gen 1,1 bis 2,4a), in dem in sieben Strophen die Erschaffung der Welt durch Gott erzählt wird. Bibelwissenschaftler sprechen auch von der »Priesterschrift« und datieren ihre Entstehung etwa ins 6./5. vorchristliche Jahrhundert. Jede Strophe beginnt mit »*Gott sprach, es werde* ...« Es folgt die Bestätigung in der Wirklichkeit »*Und es ward* ...«, dann die Qualifizierung »*Und Gott sah, dass es gut war* ...« Und als Abschluss die Gliederung »*Und es ward Abend und Morgen* ...« Folgt man dieser Erzählung, dann wurden Mann und Frau am sechsten und letzten Schöpfungstag gleichzeitig erschaffen. Das passt auch gut zur biologisch beschriebenen Evolutionsabfolge, denn der Mensch ist evolutiv ein Spätstarter. »*Dann sprach Gott: Lasst uns Menschen machen als unser Abbild, uns ähnlich. ... Gott schuf also den Menschen als sein Abbild; als Abbild Gottes schuf er ihn. Als Mann und Frau schuf er sie*« (Gen 1,26f.).

Und dann ist nicht der Mann allein Abbild Gottes und die Frau lebt nicht vom Glanz des Mannes wie der Mond vom Licht der Sonne. Dann sind die Menschen in ihrer Zweigeschlechtlichkeit, in ihrer wechselseitigen Bezogenheit aufeinander Abbild Gottes. Eine fundamentale Gleichheit von Mann und Frau ist die klare Aussageabsicht dieser jüngeren der beiden Schöpfungserzählungen.

Die zweite Schöpfungserzählung, die »Adam-und-Eva-Erzählung« (Gen 2,4bff.), ist älter und wird von den Bibelwissenschaftlern ins 9. vorchristliche Jahrhundert datiert. Folgt man ihr, so wird erst der Mann erschaffen, um den herum Gott dann das paradiesische Biotop baut. Das soll wohl zeigen, dass Gott die Welt um des Menschen willen gestaltet. Und erst das letzte Werk nach dieser Erzählung ist die Frau, entstanden aus einer Rippe Adams. Daraus haben Männer in maskuliner Kumpanei geschlossen, was erst so spät und aus einem so nebensächlichen Körperteil wie der Rippe entstanden sei, das könne nicht erste Wahl, das müsse von sekundärer Bedeutung sein. Kurzum: Die Bibel belege also, dass die Frau etwas Zweitrangiges, etwas nur Abgeleitetes sei. Kämpferische Feministinnen haben dann daraus den Spruch gemacht: »Als Gott den Mann schuf, übte sie nur.« Aber der Gott, an den Christen glauben, ist nicht defizitär, ist weder nur ein Mann noch nur eine Frau.

Der Name des ersten Menschen Adam leitet sich ab vom hebräischen *adamah*, das heißt zu Deutsch Erdboden. Der erste Mensch ist demnach von der Erde genommen, Adam bedeutet »Erdling«. Und diesem Erdling überträgt Gott die hoheitliche Aufgabe, alle lebendigen Wesen zu benennen.

Und dann heißt es weiter: »*Aber eine Hilfe, die dem Menschen entsprach, fand er nicht. Da ließ Gott, der Herr, einen tiefen Schlaf auf den Menschen fallen ... Gott, der Herr, baute aus der Rippe ... eine Frau und führte sie dem Menschen zu*« (Gen 2,20ff.) ... *Und der Mensch sprach: Das endlich ist Bein von meinem Bein und Fleisch von meinem Fleisch. Frau soll sie heißen, denn vom Mann ist sie genommen*« (Gen 2,20–23).

Erst durch die Schaffung der Frau, hebräisch *ischah*, wird der Mensch, hebräisch Adam, zum *isch*, zum Mann. Der Mensch wird durch die Frau zum Mann und der Mensch wird durch den Mann zur Frau. Auch in dieser älteren der beiden Schöpfungserzählungen ist keine Überordnung des Mannes und keine Unterordnung der Frau zu finden. Wer also in Macho-Manier ein Patriarchat oder im Kontrast dazu in kämpferischem Feminismus ein Matriarchat aufrichten möchte, findet die Berechtigung dazu weder in der ersten noch in der zweiten Schöpfungserzählung.

Wenn Ihr Partner oder Ihre Partnerin Sie im Eifer des Gefechts mal als »alter Knochen« tituliert, dann ist das nur die etwas verkürzte Wiedergabe der bewundernden Worte Adams: »Das endlich ist Bein von meinem Bein und Fleisch von meinem Fleisch.« Nehmen Sie es also als Ausdruck entzückter und entzückender (Selbst-)Erkenntnis.

Die Geschichte mit der Rippe hat die Fantasie übrigens immer wieder beflügelt. In unseren Redewendungen gibt es Formulierungen wie: Den passend qualifizierten Mitarbeiter müsse man sich wohl aus den Rippen schnitzen. Da kommt das Alte Testament noch zu Worte.

Und eine hübsche Geschichte, entstanden in Anlehnung an diese Schöpfungserzählung und in freier weiterer Ausschmückung, erzählt uns, dass die Eifersucht schon so alt ist wie die Menschheit: Eines Tages kam Adam später als erwartet nach Hause. Da zählte Eva, als er schlief, und er schlief ja bekanntlich nackt, vorsichtshalber die Anzahl seiner Rippen nach.

Die Schöpfungserzählungen plädieren nicht für Gleichheit im Sinne von Gleichmacherei der Geschlechter. Wir bleiben schließlich bis in jede einzelne unserer aberwitzig vielen Körperzellen hinein unterschiedlich: Die Frau hat zwei X-Chromosomen und der Mann ein X- und ein Y-Chromosom in jeder Zelle. Wohl aber plädieren die Schöpfungserzählungen für eine Gleichheit im Sinne von gleicher Würde und gleichen Rechten, für eine Gleichheit im Sinne von gleicher Bedürftigkeit. Was wir in beiden Schöpfungserzählungen auf sehr unterschiedliche Weise finden, ist die Herkunft und Zukunft des Menschen in Gott, ist die Verwiesenheit des Menschen auf den jeweils anderen.

Und ganz gewiss können wir den Schöpfungserzählungen auch entnehmen, dass wir von einer wirklich paradiesisch zu nennenden gleichen Würde und Gleichberechtigung der Geschlechter noch immer viel zu weit entfernt sind. Unter Gottes Anspruch muss und mit Gottes Hilfe kann da noch viel geschehen.

Nichts als Natur?

»Der Mensch – nichts als Natur?« So hieß das Symposion, an dem ich kürzlich teilnahm. Hirnforscher, Soziobiologen, Psychologen, Theologen, Physiker und Philosophen hatten sich eingefunden, um drei Tage lang darüber nachzudenken, ob und wie man den Menschen naturalistisch rekonstruieren kann.

»Kein Teil des Gehirns ist der Denker, der denkt, der Fühler, der fühlt.« »Das Ich ist eine Illusion ohne einen Illusionisten«, sagten dort die Kollegen. Der Mensch sei im Prinzip vollständig naturalistisch zu entzaubern, eben nichts als Natur, meinte ein Biologe. »Wenn man ins Gehirn hineinschaut, dann ist keiner da«, meinte ein anderer Kollege.

Als ich das hörte, dachte ich, wir sind in Bezug auf das Gehirn offenbar in dem Zustand, den ich als Fünfjähriger hatte. Damals wollte ich die kleinen Männlein sehen, die im Radio wohnen und immer quatschen oder Musik machen. Und dann habe ich, nicht ganz schadensfrei, die aus Hartpappe bestehende Rückseite des alten Dampfradios aufgebogen. Leider war gerade keines von den kleinen Männlein da, nur so merkwürdige Glasröhren, Lautsprecher und Spulen. Die Musik spielte offenbar woanders.

Bei der Annahme, es könne etwas geben, das sich nicht gänzlich naturalistisch entzaubern lasse, wollten sich nicht allzu viele Kollegen auf dem Symposion erwischen lassen. Ein Soziobiologe erklärte, er sei Agnostiker und habe auch zeitlebens keine religiöse Praxis ausgeübt (es klang fast wie »verübt«). Gleichwohl schien er am Phänomen der Religion so interessiert, dass er ihr einen großen Teil seiner Forschung widmete. Vielleicht, dachte ich, ist er damit besonders unvoreingenommen, was ja der Objektivität zugutekommen könnte. Aber er war offenbar auch ohne besondere Kenntnisse, was vielleicht doch die Qualität seiner Wahrnehmung trübte. Unvoreingenommenheit ist etwas anderes als Ahnungslosigkeit.

Natürlich kann ein kerngesunder Mensch, der vielleicht noch nie krank war, etwas Kluges über Krankheit sagen, nur wie sie sich anfühlt, wenn sie einen trifft, das weiß er leider nicht. Aber genau das gehört zur Beurteilung des Phänomens auch hinzu. Nun ist Religiosität, gottlob, bis auf Weiteres noch nicht als Krankheit entlarvt.

Aber würde man einem Menschen, der keinen sauberen Ton singen und kein Instrument spielen kann, eine große Autorität als Musikkritiker oder gar als Dirigent zubilligen? Nur bei der Religion weiß jeder, auch ohne eigene Erfahrung, was Sache ist?

Mir kam es vor, wie wenn sich eine gebildete, launige Kaffeegartengesellschaft vor dem Abendessen noch plaudernd in der nahe liegenden Dorfkirche ergeht. Aufmerksam und bildungsbeflissen nimmt sie Gurtbögen, Maßwerk, Chor, Lettner, Filialen und Fensterbilder wahr, nur das Entscheidende nicht, die Anwesenheit Gottes. Und also sucht sie auch nicht die Stille und das Gebet.

Natürlich gibt es Schlimmeres, etwa die Ignorantenhorde, die sich schwätzend und lärmend durch den Chorraum wälzt und, wenn möglich, auch mal eben in den Tabernakel schaut, damit man sicher weiß, was man vorher sowieso schon ahnte, dass es da auch nichts Besonderes zu sehen gibt. Perlen vor die Säue werfen, nennt das ein deutsches Sprichwort in Anlehnung an die Bibel. Verstanden aber wird eine Kirche nur dann, wenn ihr begrenztes, sichtbares Gehäuse zum Hinweis auf den unsicht- und unbegrenzbaren Gott wird.

Im Innern des Radios ist nichts als Antennen, Röhren oder Transistoren, zu Schaltkreisen verbundene Elektrokabel, Lautsprecher, Widerstände, Spulen etc., kurzum, nichts als Physik.

Da sind keine geheimnisvollen Männchen, die ein gespenstisches Theater veranstalten. Und gerade dadurch, dass es nichts ist als blanke Physik, empfängt es das, was von anderswo herkommt, steht es in Verbindung mit fernen Welten des Denkens und Kulturschaffens. Es ist nur ein Energiewandler, ein Transformator, der die unhörbaren Radiowellen in hörbare akustische Wellen wandelt. Natürlich kann ich ein Radio auch zu verstehen versuchen, wenn ich es nicht auf Empfang stelle. Dann aber bleiben auch all die Dimensionen nichtssagend, um deretwillen das ganze physikalische Konstrukt existiert.

Wenn man in unseren Schädel schaut, sind da auch keine geheimnisvollen Männchen. Da sind nur Neuronen und Synapsen, an denen das biochemische und biophysikalische Programm abläuft. Allerdings sind es viele, zehn hoch elf Neuronen oder Nervenzellen, und jedes Neuron nochmals mit zehn hoch fünf Synapsen, den Kontaktstellen zu Nachbarneuronen. Kurzum, da ist nichts als Biologie, allerdings eine gigantische. Und gerade dadurch sind wir fähig, das zu empfangen, was von anderswo herkommt und uns ungeahnte Räume der Kommunikation erschließt. Und vielleicht transformieren wir mit unserem Gehirn auch nur, was wir aus anderen Dimensionen empfangen, in die hörbare, sichtbare, greifbare Welt unseres Alltags.

Vielleicht kommt man mit dem Geheimnis, das der Mensch ist, nur weiter, wenn man das existenziell Bedeutsame sich in der Stille entfalten lässt, anstatt es mit dem allgegenwärtigen Talkshow-Palaver zuzumüllen. Nur dem, der in die Stille hineinlauscht und in Stille in sich hineinhört, wird das Wesentliche sprechend, wird der Wesentliche hörbar. Erst in der Stille schalten wir wirklich auf Empfang. Und dann erfährt man das Maßgebliche über den Menschen, dass er nämlich auf Gott aus ist. Man weiß so lange mit Gott nichts anzufangen, wie man mit Gott nicht anfängt. Wenn ich aufhöre, auf mich einreden zu lassen, wenn ich aufhöre, auf mich selbst einzureden, dann wird Gott hörbar, dann erst kommt der zu Worte, der das Wort Gottes ist, dann kommt Gottes Wort bei mir an. Und ich bin ganz bei mir und ganz bei Gott. Erst wer in die lebendige Kommunikation mit Gott eintritt, dem erschließt sich das Geheimnis Mensch, erst der ist ganz bei Troste.

Gott – biologisch enttarnt?

Die Gottesidee und mit ihr die religiöse Praxis, so erklärten einige Soziobiologen und Neurophysiologen in überregionalen Tageszeitungen und Magazinen, sei im Grunde nur eine raffinierte, auf Selbsttäuschung beruhende, aber biologisch erklärbare Überlebensstrategie.

Von welchem außerbiologischen Erkenntnishorizont her kann man die biologische Erkenntnis zur eigentlich richtigen und also letztverbindlichen Erkenntnis erklären? Kann die Biologie sich selbst zum Oberzensor über alle anderen Erkenntnisse ernennen? Besonders amerikanische Biologen sind in neuester Zeit als biologische Theologenaufklärer und Religionserklärer aufgetreten. Durch eine frei erfundene religiöse Scheinwelt falle es der biologischen Art Mensch leichter, mit der wirklichen Welt zurechtzukommen. Religion sei der von den religiösen Menschen selbst nicht durchschaute Trick der Evolution, ein brutpflegefreundliches Verhalten und damit mehr Nachwuchs zu erzeugen. Und dann bekennen sich solche Aufklärer, nachdem sie erklärt haben, was Religion wirklich ist, selbst stolz zum Atheismus. Das erinnert mich stark an jemanden, der in der Jahresversammlung des Schachvereins erklärt, Schachspiel, das sei eine dialogisch strukturierte Übung zur Perfektionierung motorischer Fähigkeiten, und zwar der feinmotorischen beim Tisch- und der grobmotorischen beim Rasenschach. Und darin besteht ihr vom Schachspieler nicht durchschauter Sinn und ihr biologisch beschreibbarer Evolutionsvorteil.

Und zur Unterstreichung ihrer Objektivität versichern uns diese Aufklärer, die vom Schachspieler behaupteten Regeln seien völlig belanglos und der Kenntnisnahme nicht bedürftig, oder gar er, der Aufklärer, kenne sie auch gar nicht. Wie wohltuend ist dagegen die Position des Philosophen Jürgen Habermas, der, bevor er generell den Sinn von Musik bestreitet, es immerhin für möglich hält, dass nur er selbst »religiös unmusikalisch« ist.

Sogenannte Neurotheologen haben Nonnen und Mönchen während der Meditation ins Hirn geschaut. Sie glauben, in bestimmten Hirnregionen spezielle neurophysiologische Erregungsmuster ausmachen zu können, die mit den meditativen Erfahrungen einhergehen. Ein US-Forscher hält religiöse Erfahrungen für ein Symptom der Schläfenlappenepilepsie. Er glaubt, sie sogar bei Mose, Paulus, Jeanne d'Arc, Dostojewski, van Gogh, Teresa von Avila diagnostizieren zu können. Was man von Ferndiagnosen, die ohne jeden Patientenkontakt und über Jahrhunderte rückwirkend zustande kommen, halten kann, das mag jeder selbst entscheiden. Nun glaube ich nicht, dass alle diese prägenden Gestalten in jeder Hinsicht und immer gesund waren. Aber dass ihre große Lebensleistung ausschließlich eine Krankheitsfolge ist, glaube ich noch weniger. Überdies: Der Behauptung, religiöses Empfinden könne eine Krankheitsfolge sein, ist nicht einmal zu widersprechen. Denn die Krankheit kann durchaus ein Ort der Gottesbegegnung sein. Der Behauptung, Religion sei nichts als das Symptom einer Krankheit, kann man medizinische Untersuchungen entgegenhalten, die eine psychisch und physisch heilende Wirkung religiöser Praxis belegen.

Ein anderer amerikanischer Hirnforscher stülpte einigen Probanden eine mit Magnetspulen bestückte Magnetwellenhaube über. Einige Probanden sprachen nach der Prozedur von übersinnlichen, gar religiösen Erfahrungen. Ist religiöse Erfahrung also ein mit Mitteln der Elektronik künstlich herstellbares Gedankenkonstrukt? Ist durch die künstliche Herstellung solcher Erfahrungen das Irreale dieser Erfahrungen belegt?

Wenn man mir mit einer raffinierten neurophysiologischen Versuchsanordnung das täuschend echte, aber künstliche Gefühl vermitteln könnte, gerade Apfelkuchen mit Schlagsahne zu verzehren, heißt das dann, dass es in der Wirklichkeit gar keinen Apfelkuchen mit Schlagsahne gibt? Wohl kaum, wie ein Vergleich auf der Waage zeigen kann.

Erwiesen wird in solchen Versuchsanordnungen die Täuschbarkeit des Gehirns, aber das ist kein wirklich neuer und überraschender Befund. Die Irrealität oder Fiktionalität der religiösen Erfahrung wird damit nicht erwiesen.

Manche hätten es eben gern, dass Gott nur ein Hirngespinst ist. Die neurophysiologischen Erregungsmuster im Gehirn sind leider kein Beleg für Gottes Existenz oder Nichtexistenz, sondern nur für die menschliche Beschäftigung mit ihm. Religiöse Praxis bringt zwei Dinge ins Spiel: Sie geht zu Herzen und sie gibt zu denken, um Gottes und um der Menschen willen. Und das können auch Biologen mit ihren Methoden und Hilfsmitteln feststellen.

Ich zweifle nicht, dass christlicher Glaube und christliche Moral einen evolutiven Vorteil haben, wenn und weil sie das Miteinander der Menschen menschlich machen. Das ist keine neue Erkenntnis einer aufklärerischen Biologie, sondern genau das, was zumindest die christliche Religion ausdrücklich gefordert hat.

Ich zweifle aber stark, dass der letzte Sinn und Zweck der Religion in diesem biologisch-evolutionstheoretisch beschreibbaren Mehrwert besteht oder gar darin aufgeht. Religiöse Menschen sind Menschen, die tun, was sie nicht tun würden, wenn sie es nicht mit Gott zu tun hätten. Sie setzen schon in diesem Leben auf ein Leben, das zwar die Biologie angeht, aber nicht in Biologie aufgeht, sondern über die Biologie hinausgeht. Religiöse Menschen sind Menschen, die tun können, was sie nicht tun könnten, wenn sie es nicht mit Gott zu tun hätten. Sie geben ihr Leben nicht nur für das Leben ihrer Sippe, Familie oder Gruppe, wie das auch Schimpansen tun. Sie geben es um des Menschen, auch um des wildfremden Menschen willen, sie geben es auch um der Wahrheit, der Menschlichkeit, der Liebe, letztlich um Gottes willen. Und das – auch biologisch nachweisbar – geht zu Herzen und gibt zu denken.

Nachfolge – per pedes

Ich möchte einen Körperteil ins Blickfeld rücken, den manche schon länger nicht mehr (von Nahem) gesehen haben, an den manche nicht mehr heranreichen, weil zu viel dazwischenliegt, einen Körperteil, der meistens verhüllt ist, der manchmal kalt und manchmal feucht ist und oft nicht gut riecht, der nicht selten schwielig ist, der gelegentlich eine Blase hat, aber eine die schmerzt, oder auch Augen hat, die nichts sehen, dafür aber heftig zu fühlen geben, einen Körperteil, der mit Abstand den meisten Druck von oben kriegt: die Füße.

Zumeist in den Ferien werden viele wieder zu Fußgängern, die die meiste Zeit des Jahres nur Auto-, Bus- oder Bahnfahrer sind oder sein können. Sie entdecken ihre Füße und die Wohltat der Langsamkeit ganz neu.

Auch Jesus ging alle Wege zu Fuß. Nur einmal, berichtet uns die Hl. Schrift, ist er geritten, aber nicht hoch zu Ross zum Staatsempfang, sondern auf einem Esel nach Jerusalem, zum Ort seines Leidens und Sterbens. Jesus ist bedingungslos zu den Menschen gegangen, den Verbrechern und Huren, den Ausgegrenzten und Abgestempelten ist er entgegengegangen. Er ist mit den Menschen gegangen, mit den Lebensdurstigen und den Hungerleidern, sogar mit den Kranken und Sterbenden. Er hat Lahme und andere Menschen, die nicht mehr gehen konnten, wieder auf die eigenen Füße gestellt.

Auch die Nachfolger Jesu, die Apostel, sind so sehr zu Fuß gegangen, dass es schon sprichwörtlich geworden ist: *per pedes apostolorum* – wie die Apostel zu Fuß sich Blasen und Schwielen laufen, um Gottes und der Menschen willen.

Die Nachfolger der Apostel bevorzugen da eher die Nobelkarosse mit dem angeblich guten Stern auf Deutschlands Straßen. Sie bewegen sich lieber »per Mercedes apostolorum«. Mit der Hl. Schrift (Mt 6,2) könnte man dazu sagen: *»Receperunt mercedem suam.«* Zu Deutsch: »Sie haben ihren Lohn bereits erhalten.«

Am Abend vor seinem Leiden hat Jesus seine Jünger zu einem Gedächtnismahl eingeladen. Und dabei hat er eine besondere Art von Empfang gegeben, einen Empfang, der bei denen, die auf großem Fuße leben, absolut unüblich ist: eine Fußwaschung seiner Gäste (Joh 13,1ff.). Er hat damit zum Ausdruck gebracht: Gott will nicht auf großem Fuß leben, Gott will nicht auf uns herumtrampeln, sondern mit uns auf gleichem Fuß verkehren. Er ist bei seinem sich manchmal müde dahinschleppenden Fußvolk. Er ist ein menschlich mitgehender Gott, der sich selbst müde, staubige, geplagte und zerschundene Füße geholt hat auf den Wegen seines Menschenlebens.

Eine derart praktische Menschlichkeit, die alle Fußwege mitgeht, die den Käse von der untersten Sohle kratzt und die müden und schmutzigen Füße wäscht und erfrischt, eine solche Menschlichkeit, die hat wirklich Hand und Fuß.

Nach der Fußwaschung hat er seine Jünger bewirtet. Und auch uns eingeladen, unsere Füße unter seinen Tisch zu stellen, seine Gäste zu sein, um dann gestärkt seinen und unseren Weg zu gehen.

Jesus hat uns nahegelegt, ihm nachzufolgen. Doch kann man jemanden überholen, wenn man nur in dessen Fußstapfen tritt? Wohl kaum. Aber man könnte ja mal versuchen, auf diesem Fußweg der Menschlichkeit so weit zu gehen, wie Jesus gegangen ist. Dann könnte man merken: Eine Menschlichkeit, die so weit geht wie die Menschlichkeit Jesu, die ist nicht zu überholen, und sie ist schon gar nicht überholt. Das ist Menschlichkeit, so weit die Füße tragen.

Aber kann man denn seinen eigenen Weg finden, wenn man nur in die Fußstapfen eines anderen tritt? Gewiss, Wege entstehen beim Laufen. Das gilt auch für die ganz persönlichen Lebenswege. Nachfolge Jesu heißt darum nicht Wiederholung der Wege Jesu. Nachfolge ist kein historisierendes Nachlaufen und Nachdackeln wie bei den Passionsspielen in Oberammergau. Nachfolge ist ein kreativer Neuentwurf. Sie braucht das Standbein des Stehens im Bekannten und Erprobten und das Spielbein des Ausschreitens ins Unbekannte und Neuland. Denn niemand kann – außer bei kurzen Sprüngen – beide Füße in die Luft setzen.

Wir sind noch nicht am Ende der Fußmärsche Jesu. Seine Menschlichkeit geht noch bis in den Tod. Zu Fuß schleppt er sein Marterwerkzeug, das Kreuz, auf den Golgotha. Am Ende hat sich der, der so weit gehen konnte, noch um der Menschlichkeit willen festnageln lassen, an Händen und Füßen.

Der Auferstandene zeigt seinen Jüngern die Hände und Füße (Lk 24,39) und die durchbohrte Seite, damit sie den Gestorbenen mit dem Auferstandenen identifizieren können. Mit Händen und Füßen will er uns offenbar zeigen: Eine Menschlichkeit, die so im Vertrauen auf Gott in den Tod hineingeht, die geht auch aus dem Tod heraus, die geht über den Tod hinaus. Der Auferstandene geht mit den verzweifelten Jüngern zu Fuß in die Dunkelheit des Osterabends nach Emmaus. Und er richtet sie wieder auf, er dreht sie um, sodass sie noch in der Nacht – *stante pede* (stehenden Fußes) – nach Jerusalem zurückgehen und – *per pedes apostolorum* – zu Boten der Auferstehung werden, die vor Königen und Statthaltern mutig auftreten, die sich die Füße wund und die Hacken ablaufen, um die Hoffnungsbotschaft, die in Jesus Christus Hand und Fuß bekommen hat, an den Mann und die Frau zu bringen.

Und wenn Sie am Abend eines Wandertages oder am Abend der Lebenswanderung Ihre müde, vielleicht sogar lebensmüde gelaufenen Füße betrachten, dann erinnern Sie sich an dies: Wir können, sollen und dürfen, auch wenn wir schon mit einem Bein im Grabe stehen, die Lebenshoffnung auf freien Fuß setzen.

NACH-WORT IN GOTTES NAMEN

Der Mensch – Plan Gottes oder dummer Zufall?

Der große Molekulargenetiker und Nobelpreisträger Jacques Monod (1910–1976) schrieb kurz vor seinem Tod ein berühmt gewordenes Buch mit dem Titel »Zufall und Notwendigkeit«. Darin entfaltet er, dass die Evolution voranschreitet durch die zufälligen Mutationen im Erbgut und die notwendige Auslese im folgenden Selektionsprozess. Aus diesem blinden Wechselspiel von Zufall und Notwendigkeit gestalte sich die Natur- und Weltgeschichte. Das hatte erhebliche Konsequenzen für sein Bild vom Menschen:

– »Das Universum trug weder das Leben, noch trug die Biosphäre den Menschen in sich. Unsere ›Losnummer‹ kam beim Glücksspiel heraus« (Zufall und Notwendigkeit, München, 3. Aufl. 1977, S. 129).
– »Wenn er diese Botschaft in ihrer vollen Bedeutung aufnimmt, dann muss der Mensch endlich aus seinem tausendjährigen Traum erwachen und seine totale Verlassenheit, seine radikale Fremdheit erkennen. Er weiß nun, dass er seinen Platz wie ein Zigeuner am Rande des Universums

hat, das für seine Musik taub ist und gleichgültig gegen seine Hoffnungen, Leiden oder Verbrechen« (S. 151).

- »Der alte Bund ist zerbrochen; der Mensch weiß endlich, dass er in der teilnahmslosen Unermesslichkeit des Universums allein ist, aus dem er zufällig hervortrat. Nicht nur sein Los, auch seine Pflicht steht nirgendwo geschrieben« (S. 157).

Schaut man aber in die Bibel, so liest man etwas ganz anderes, etwas Hoffnungsvolles:

- »Euer Herz lasse sich nicht verwirren. Glaubt an Gott und glaubt an mich. Im Haus meines Vaters gibt es viele Wohnungen. Wenn es nicht so wäre, hätte ich euch dann gesagt: Ich gehe, um einen Platz für euch vorzubereiten? (...) Und ich werde euch zu mir holen, damit auch ihr dort seid, wo ich bin. (...) Ich bin der Weg und die Wahrheit und das Leben« (Joh 14,2f.).
- Oder dies: »Ihr seid ein auserwähltes Geschlecht, eine königliche Priesterschaft, ein heiliger Stamm, ein Volk, das sein besonderes Eigentum wurde, damit ihr die großen Taten dessen verkündet, der euch aus der Finsternis in sein wunderbares Licht gerufen hat« (1 Petr 2,9).

Was stimmt denn nun? Sind wir Menschen ein dummer Zufall, ziellose Zigeuner am Rande des Weltalls oder geplant und geliebt, mit Herkunft und Zukunft in Gott?

Aber, ist der Zufall das Unplanbare, Unprognostizierbare, Ziellose, Sinnlose? Nehmen wir einmal an, wir wüssten genau, was Zufall ist, und der Zufall sei tatsächlich bei den Mutationen im Erbgut am Werke. Ist dann durch die Mitwirkung des Zufalls bewiesen, dass dies Welttheater planlos, ziellos, sinnlos ist?

Wenn wir uns am Samstagabend die Ziehung der Lottozahlen ansehen, dann blicken wir in eine Trommel, in der – wie wir meinen – bei der Reihenfolge der 7 aus 49 der unplanbare Zufall waltet. Ist aus diesem Zufall auf die Sinnlosigkeit und Planlosigkeit des Ganzen zu schließen? Keineswegs, denn das Ganze, in dem auch der Zufall eine Rolle spielt, ist voller Pläne und Absichten. Die Lottogesellschaft hat klare Pläne und Regeln für dieses Spiel und wie der Lottospieler eine klare Absicht, nämlich reich zu werden. Zumindest im Fall der Lottogesellschaft gelingt das immer. Auch der Zufall in der Lostrommel entspricht also einer Absicht und einem Plan, er liefert den notwendigen Geldverteilungsmodus unter den Tippern und Lottobetreibern.

Marie von Ebner Eschenbach (1830–1916) meinte in ihren Aphorismen: *»Der Zufall ist die in Schleier gehüllte Notwendigkeit.«* Wenn wir also alle Randbedingungen in der Lostrommel kennten, die Gravitation, die Lage der Kugeln, die Drehgeschwindigkeit, die Rollreibung, die Anzahl der Umdrehungen, den Entnahmemechanismus für die Kugeln etc., dann müssten wir auch die Ergebnisse der jeweiligen Ziehung voraussagen können. Da wir die Randbedingungen nie vollständig und hinreichend genau kennen können, sprechen wir, obschon Kausalität herrscht, von Zufall.

Zwei weitere Nobelpreisträger sahen im Zufall, anders als Monod, in letzter Konsequenz Gott am Werke. Albert Schweitzer (1875–1965), der Arzt, Theologe und Friedensnobelpreisträger, meinte: *»Der Zufall ist ein Pseudonym, das der liebe Gott wählt, wenn er anonym bleiben will.«* Und Anatole France (1844–1924), der Schriftsteller und Literaturnobelpreisträger, sagte fast exakt dasselbe: *»Zufall ist vielleicht das Pseudonym Gottes, wenn er nicht selbst unterschreiben will.«*

Nur für Ignoranten und Agnostiker, für Menschen, die nichts wissen, nichts wissen wollen, nichts wissen zu können glauben, ist der Zufall die unhinterfragbare Universalerklärung.

Vielleicht ist das, was wir Zufall nennen, aber auch die inspirierende Vorgabe Gottes zur Sinn- und Zwecksetzung unseres Lebens. So formulierte es Marquis Posa schon in Schillers Drama Don Carlos (3. Akt, 9. Szene):

Und was
Ist Zufall anders als der rohe Stein,
Der Leben annimmt unter Bildners Hand?
Den Zufall gibt die Vorsehung – Zum Zwecke
Muss ihn der Mensch gestalten.
Friedrich Schiller

Hier ist das, was wir Zufall nennen, die Vorgabe und Gabe Gottes zur Findung und zur Bewältigung der Aufgabe unseres Lebens. Was uns zufällt, wird uns zur Vorgabe, Gabe und Aufgabe unseres Lebens, an der wir wachsen und reifen. Zufall nennt man den grauen Kittel, den der liebe Gott anzieht, wenn er selbst Hand anlegen, oder den grauen Auftragsschein, wenn er uns machen lassen und selbst inkognito bleiben will.

Der Gott des Alten Testamentes hatte sich als der »Ich-bin-da« zu erkennen gegeben. Jesus Christus konkretisiert dieses »Ich-bin-da« im Neuen Testament: »Ich bin der Weg und die Wahrheit und das Leben.« Ich bin der Ich-bin-da als Weg, ich bin der Ich-bin-da als Wahrheit, ich bin der Ich-bin-da als Leben. Wo immer und wann immer der da ist, der Weg, Wahrheit und Leben ist, gilt: Wir sind nicht heimatlos, keine Zigeuner am Rande des Weltalls, das uns fühllos, ziel- und sinnlos gegenübersteht. Wir sind zwar auf manchmal mühsamem Lebensweg unterwegs und wissen oft nicht die Koordinaten in Raum und Zeit. Aber wir haben ein Ziel, sind erwünscht und geliebt, werden ein Leben lang begleitet, durchs Leben hindurch geleitet und am Ziel des Lebens erwartet von Gott.

Ein Gott mit Herz, Hirn und Hand

Wir Christen behaupten im Unterschied zu allen anderen monotheistischen Religionen dieser Welt eine Ungeheuerlichkeit, wir behaupten, Gott sei Mensch geworden. Von der Inkarnation Gottes spricht die christliche Theologie, von der alles

Menschliche umfassenden Menschwerdung des einen und einzigen Gottes in Jesus Christus. Das heißt: Wir verehren einen Gott mit Herz, Hirn und Hand. Ist das nicht zum Lachen? Ha – Ha – Ha für Herz, Hirn und Hand!

Wir verehren den Gott, der selbst Herz, Hirn und Hand angenommen hat. Wird Gott damit nicht zur bloßen Projektion des Menschen? Wird damit nicht der Schöpfer zum Geschöpf degradiert, anthropomorph herabgestuft und entstellt?

Ist Gott nicht das absolute Geheimnis, der, jenseits dessen nichts Größeres gedacht werden kann, der, dessen Wege nicht unsere Wege und dessen Gedanken nicht unsere Gedanken sind? Ist Gott nicht der ganz Andere? Entweder anzunehmen, Gott sei nichts als ein Mensch bzw. – schlimmer noch – nichts als ein Produkt des Menschen, oder anzunehmen, Gott sei ausschließlich der ganz und gar unverstehbare Andere, das kann nicht die Alternative sein.

Ich würde mich weigern, an einen Gott zu glauben, der so klein ist, dass ich ihn völlig verstanden und durchschaut hätte. Und ich würde mich weigern, an einen Gott zu glauben, von dem ich schlichtweg gar nichts verstehen könnte und verstanden hätte. Der Gott, an den ich glauben kann, der muss in den irdisch-menschlichen Erfahrungshorizont hineinragen, und der muss zugleich himmelweit darüber hinausragen. Der Gott des Himmels muss geerdet sein; der Gott für diese Erde muss in den Himmel ragen.

Ein Gott mit Herz?

Herz, das ist dem nüchternen Anatomen und Morphologen eine Biopumpe von erstaunlicher Leistungsfähigkeit. Im Durchschnitt hält es bei Frauen in unserem Land etwas mehr als achtzig Jahre, bei Männern etwas weniger als achtzig Jahre lang den Takt.

Herz, das steht aber auch für Empathie, Mitleid, Feinfühligkeit, Einfühlsamkeit, kurzum für Emotionen und Gefühle. Wir sprechen von hartherzig, weichherzig, großherzig, engherzig und meinen das Wesen des Menschen, nicht die Beschaffenheit seiner Biopumpe.

Der Glaube an die Menschwerdung Gottes in Jesus Christus feiert, dass Gott ein solches Herz hat für den Menschen, ein Herz am rechten Fleck, nämlich aufseiten der Menschen, ein Herz, das für uns schlägt. Er hat ein menschliches Herz, entflammbar und verletzbar wie das unsere; ein menschliches Herz, mitfühlend und mitleidend wie das unsere. Er ist in Jesus Christus vom Anfang bis zum Ende das, was wir als herzlich, als großherzig, weitherzig und hochherzig bezeichnen.

Wir feiern, dass unser Gott nicht herzlos oder nur herzig ist, sondern dass Gottes Herz für den Menschen schlägt, dass er bis zur letzten Lebens- und Sterbenskonsequenz das Herzblut seiner Menschlichkeit vergossen hat. Einer der römischen Soldaten rammt dem am Kreuz bestialisch hingerichteten Mann sicherheitshalber noch seine Lanze in die Seite, um der menschlichen Herzlichkeit, der herzlichen Menschlichkeit endgültig den Garaus zu machen.

Wie erkennt man diesen Gott mit Herz, wie dient man diesem Gott mit Herz? Ich glaube, man erkennt ihn und man dient ihm mit eben diesem Organ – mit Herz. Gott kann und soll zu einer Herzensangelegenheit des Menschen werden. Der geniale Mathematiker und Philosoph Blaise Pascal (1623–1662) hat einmal geäußert, das Herz habe Gründe, die der Verstand nicht kennt. Fast jeder Mensch kennt Entscheidungssituationen, die rein rational nicht entscheidbar sind, die aber, wenn man zur Ratio das Herz hinzunimmt, eben mit dem Herzen lösbar sind.

Manche meinen vielleicht dasselbe, wenn sie sagen, dies oder jenes hätten sie aus dem Bauch heraus entschieden. Dieser Logik der Darmperistaltik haftet manchmal etwas Anrüchiges an. Ich halte mehr von der Logik des Herzens, die den Verstand nicht außer Kraft, sondern zu mehr und Besserem instand setzt.

Ein Gott mit Hirn?

Hirn, das ist die hochkomplexe Ansammlung von ca. zehn hoch elf Neuronen, d.h. 100 Milliarden Nervenzellen, von denen ein jedes Neuron nochmals mit zehn hoch fünf anderen Neuronen, d.h. mit 1000 anderen Nervenzellen verbunden ist. Mit den im Mittel ca. 1400 Kubikzentimetern Hirnmasse unter unserer Schädeldecke befinden wir uns hinsichtlich der Neuronenverbindungen in der numerischen Größenordnung der Galaxien. Wir haben einen Kosmos im Großen, einen Kosmos im Kleinen und einen Kosmos in uns. Der endliche Mensch hat damit ein Sensorium für das Unendliche.

Ein Gott mit Hirn, was soll das sein – ein Superhirn, ein transzendentes Rechenzentrum, eine himmlische Datenbank? Die drei monotheistischen Religionen nennen Gott den Schöpfer. Gott schafft nach Auskunft der ersten Verse der Bibel, also nach der priesterlichen Schöpfungserzählung, durch sein bloßes Wort, d.h. durch seine alle Wirklichkeit setzende geistige Potenz.

Damit ist Gott zunächst einmal der unfassliche Vordenker alles dessen, was werden sollte und konnte. Und wir sind die nicht selten fassungslosen Nachdenker alles dessen, was geworden ist und was wir selbst sind. All unser Denken kommt mit Gott nicht zurande und nicht zu Ende.

Man kann zwar, wie der von den Nazis ermordete Jesuit Alfred Delp (1907–1945) gesagt hat, gottlos werden, nicht aber Gott loswerden. Und das gilt insbesondere für das Denken. Kein Versuch der Gottesbemächtigung, weder irgendein vielleicht gottvoller Gottesbeweis noch irgendein vielleicht gottloser Gottesverweis, hat je zu einem für alle denkfähigen Menschen zwingenden und schlüssigen Ergebnis geführt.

Und nicht nur der Schöpfergott, auch der menschgewordene Gott, den wir in der Weihnachtszeit feiern, dispensiert uns nicht vom Denken. Er nötigt uns zu denken, er gibt uns zu denken. Seine kinderleicht aufzufassenden Bilder und Gleichnisse vom Reich Gottes stoßen uns in eine unfassliche Tiefe und Höhe der Gedanken. Dieser Gott mit Hirn funkt auf einer auch vom Menschen dechiffrierbaren Wellenlänge im Empfängerhorizont des nur irgend möglichen menschlichen Denkens. Und dieser Gott mit Hirn funkt auch im Empfängerhorizont aller nur erdenklichen Menschlichkeit.

Wie erkennt man diesen Gott mit Hirn, wie dient man diesem Gott mit Hirn? Ich glaube, man erkennt ihn und man dient ihm mit eben diesem Organ – mit dem Hirn, so gut es geht. Gott wird damit zu einer nicht nur die abendländische, sondern auch die Weltkulturgeschichte mitprägenden Geistesangelegenheit des Menschen. Man kann das Nachdenken über diesen Gott prinzipiell nicht weit genug treiben.

Der unendliche Gott, der uns in Christus als endlicher Mensch entgegentritt, nötigt – um Gottes willen und Schritt für Schritt – all unser endliches Denken zu einer unabschließbaren Verunendlichung. Und diese ständige Verunendlichung unseres endlichen Denkens ist der angst- oder ahnungsvoll betretene Raum einer Gottesbegegnung.

Ein Gott mit Händen?

Die Hand, das ist die fünfstrahlige Greifvorrichtung mit dem opponierbaren Daumen. Das ist eine Erkenntnis, die man sich leicht an fünf Fingern abzählen kann. Die Hand ermöglicht es uns zu greifen, zu ergreifen, und sie hilft uns zu begreifen. Der Affe, der keinen rechten Griff an dem und keinen rechten Begriff von dem Ast hatte, nach dem er sprang, war bald ein toter Affe und gehörte folglich nicht zu unseren Vorfahren. So sagte schon in der ersten Hälfte des vorigen Jahrhunderts der britische Biologe Julian Huxley (1887–1975). Kleine Kinder kommen über das Greifen und Zugreifen Stück für Stück an den und auf den Begriff.

Und wenn wir uns die Hand genauer anschauen, so trägt jeder Finger unserer Hand unseren ganz unverwechselbaren Fingerabdruck, den Ausdruck unserer absoluten Einmaligkeit.

Aber ein Gott mit Hand, ist das nicht ein problematischer Anthropomorphismus, ist das nicht eine haltlose, eine buchstäblich aus der Luft gegriffene Spekulation? Andererseits: Bleibt ein ganz und gar ungreifbarer, ein ganz und gar unbegreifbarer Gott nicht auch ein völlig unbegriffenes und völlig unbegreifliches Konstrukt?

Christen sagen: Der in Jesus Christus menschgewordene Gott ist die Handreichung des ansonsten unergreifbaren und unbegreifbaren Gottes. Wie an den Fingerabdrücken unserer Hand wird in diesem Menschen die absolute Einmaligkeit Gottes anschaulich und handgreiflich. Der menschgewordene Gott, der dem Menschen die Hand entgegenstreckt, macht sich selbst greifbar und angreifbar.

Der Gott hat Hand und Fuß, der sich in Jesus Christus vom Menschen und für den Menschen aufs Kreuz legen, der sich an Händen und Füßen auf die Botschaft seiner Menschlichkeit festnageln lässt. Der vom Menschen ergreifbare Gott ist der ergreifend menschliche Gott.

Ich glaube, dass der Gott, der unsere Menschenhand im Leben und im Tod ergreift, auch will, dass wir selbst Hand anlegen zum Heil dieser todkranken, dieser am Tod krankenden Welt. Und genau dadurch, dass wir selbst Hand anlegen, bekommen wir einen Begriff von diesem menschlichen Gott, begreifen wir und machen wir begreiflich, wer und wie Gott für uns ist.

Den Gott mit Herz, Hirn und Hand, den erkennen wir und dem dienen wir selbst auf genau diese dreifache Weise, nämlich mit Herz, Hirn und Hand.

Der Gott, der unser Menschenherz im Tiefsten anrührt und berührt, der sollte selbst ein herzloser Gott gegen die Menschen oder ein nur herziger Gott für die Rührseligen sein? Das kann ich nicht glauben. Denn ich erfahre, ich komme diesem Gott dadurch näher, dass ich selbst aus aller Herzlosigkeit, Hartherzigkeit und Engherzigkeit aufbreche, indem ich mein Herz für den Menschen neben mir öffne, der ein Abbild des lebendigen, des menschlichen Gottes ist. Das ist eine herzliche und herzhafte Gotteserfahrung.

Der Gott, der unser Menschenhirn bis zum Äußersten herausfordert, der sollte nur etwas für die geistig Unterentwickelten oder Anspruchslosen sein? Das kann ich nicht glauben. Denn ich erfahre, ich komme diesem Gott dadurch näher, dass ich alle Möglichkeiten meines Hirns aktiviere, meine geistigen Grenzen von ihm her und auf ihn hin entgrenzen lasse. Der Gott, der, weil er Geist und Hirn hat, Geist und Hirn gibt, ist kein Gott nur für die Geist- und Hirnlosen. Er ermöglicht eine gottvolle Geistes- und eine geistvolle Gotteserfahrung.

Der Gott, der uns im Leben und Sterben menschlich die Hand reicht, der sollte nur ein aus der Luft gegriffenes Konstrukt von intellektuellen Spekulanten sein? Das kann ich nicht glauben. Denn ich erfahre, ich komme diesem Gott dadurch näher, dass ich – wie er – die alltägliche Handarbeit der Menschlichkeit verrichte.

Wo immer wir im Dienst der Menschlichkeit eingreifen, können wir etwas von Gottes Menschlichkeit begreifen. Da bekommen wir einen Begriff vom menschgewordenen Gott und unser Glaube an ihn bekommt Hand und Fuß.

Der Gott mit Herz, Hirn und Hand, der derart menschgewordene Gott, mutet mir zu und ermutigt mich darin, ihm näherzukommen, indem ich Herz, Hirn und Hand benutze und dabei selbst lerne, mehr und besser Mensch zu werden nach seinem Vorbild.

QUELLENNACHWEIS

S. 36/37 Elfriede Becker, Schenk mir Hände, in: Steinwede/ Ruprecht, Vorlesebuch Religion 2. © Ernst Kaufmann, Lahr

S. 86/87 © Clarita Schmid, Kloster Baldegg, CH-Baldegg

S. 114/115 Elli Michler, in: Die schönsten Gedichte von Elli Michler. © Don Bosco Verlag, München ^{4}2008

S. 122/165 und **166** Lothar Zenetti, in: Auf seiner Spur. Texte gläubiger Zuversicht (Topos Plus 327). © Matthias-Grünewald-Verlag der Schwabenverlag AG, Ostfildern ^{4}2006

S. 169 Reiner Kunze, Geburtstagsbrief, in: eines jeden einziges leben. Gedichte. © S. Fischer Verlag GmbH, Frankfurt/Main 1986

S. 187 Eugen Roth © Rechte: Thomas Roth, München

S. 188 Bertolt Brecht, aus: Ders., Gesammelte Werke (in 20 Bänden), Bd. 8: Gedichte, hrsg. von Elisabeth Hauptmann, © Suhrkamp Verlag, Frankfurt/Main 1967